LA PÉNÉLOPE

NORMANDE

PAR

ALPHONSE KARR.

PARIS
ALEXANDRE CADOT, ÉDITEUR,
37, RUE SERPENTE.

1855

LA PÉNÉLOPE NORMANDE.

EN VENTE:

A. DE GONDRECOURT.

Les Prétendants de Catherine	5 vol.
Baron (le) la Gazette	5 vol.
Mademoiselle de Cardonne	3 vol.
Aventures du Chevalier de Pampelonne	5 vol.
La Tour de Dago	5 vol.
Le Bout de l'Oreille	7 vol.
Le Légataire	2 vol.
Les Péchés mignons	5 vol.
Médine	2 vol.
La Marquise de Candeuil	2 vol.
Un Ami diabolique	3 vol.
Les derniers Kerven	2 vol.

XAVIER DE MONTÉPIN.

La Perle du Palais-Royal		3 vol.
Confessions d'un Bohême	1re Partie.	5 vol.
Le Vicomte Raphaël	2e »	5 vol.
Les Oiseaux de Nuit	3e » (fin)	5 vol.
Les Chevaliers du Lansquenet		40 vol.
Pivoine		2 vol.
Mignonne (suite de *Pivoine*)		3 vol.
Brelan de Dames		4 vol.
Le Loup noir		2 vol.
Les Amours d'un Fou		4 vol.
Les Viveurs d'autrefois		4 vol.
Valets (les) de Cœur		3 vol.
Un Gentilhomme de grand chemin		5 vol.
Sœur Suzanne		4 vol.

PAUL DUPLESSIS.

Un Monde inconnu	2 vol.
La Sonora	4 vol.
Étapes d'un Volontaire	12 vol.
1re partie, Le Roi de Chevrière	4 vol.
2e — Moine et soldat	4 vol.
3e — M. Jacques (fin)	4 vol.
Grands Jours d'Auvergne	9 vol.
1re partie, Raoul Sforzi	5 vol.
2e — Le gracieux Maurevert (fin)	4 vol.
Capitaine (le) Bravaduria	2 vol

ALEXANDRE DUMAS FILS.

Tristan le Roux	3 vol.
Le Roman d'une Femme	4 vol.
Le Docteur Servans	2 vol.
Césarine	1 vol.
Aventures de quatre Femmes	6 vol.

Imp. de Munzel frères, à Sceaux.

LA

PÉNÉLOPE

NORMANDE

PAR

ALPHONSE KARR.

I

PARIS
ALEXANDRE CADOT, ÉDITEUR,
37, RUE SERPENTE.

1855

A
RENÉ DE ROVIGO.

PROLOGUE.

Un beau jour d'été allait finir. — Sur une côte, au bord de la mer, à une lieue du port de .*** — je vous dirai tout à l'heure pourquoi je ne nomme pas ce port — un groupe de personnes de costumes et de conditions divers avaient les regards fixés sur l'Océan.

Il était facile de voir que ce n'était pas le magnifique spectacle d'un soleil couchant sur la mer qui attirait leurs regards.

Le ciel, à l'ouest, resplendissait des plus riches couleurs.

Le soleil se trouvait en ce moment derrière une longue bande formée par un nuage noir frangé d'or.

Au-dessous du nuage, un espace qui semblait aux yeux seulement de quelques pieds était d'un bleu limpide glacé d'or.

Au-dessus du nuage, un grand espace du vert-bleu particulier à certaines turquoises.

Au-dessus de cet espace, des nuages rouges de feu; puis, si l'on relevait la tête, on voyait au zénith un ciel lapis parsemé de nuages roses.

La mer, sous le ciel, était d'un vert sombre, sur lequel s'étendait un glacis de feu.

Eh bien! ce n'était pas de ce côté que les personnages que j'ai désignés avaient les regards tournés.

C'était, au contraire, du côté du port, du côté de l'est, où le ciel et la mer étaient gris et voilés.

Le groupe se composait :

D'une jeune femme jolie, svelte, simplement mais élégamment vêtue d'une robe de soie à carreaux écossais verts et bleus, et d'un chapeau de paille sur lequel se croisaient des rubans de la même couleur que la robe. Un col uni, empesé et rabattu, ses gants d'un brun clair, ses bottines vertes, venaient évidemment de Paris;

D'une servante habillée à la mode du pays, avec un bonnet à larges ailes qui se remplace désagréablement par un bonnet de coton; une jupe à raies rouges, une sorte de gilet en laine grise;

D'une enfant de neuf à dix ans, — habillée d'une robe de laine à carreaux écossais verts et rouges, — ne tombant que jusqu'aux jarrets et laissant les jambes nues sous des chaussettes à carreaux pareils à ceux de la robe; sur la tête un large chapeau de paille rond;

D'un homme grand et assez gros, au visage rouge et tanné par le vent, les yeux d'un bleu pâle, et indiquant de la ruse; — il était vêtu d'une très-longue redingote bleue qui lui descendait presque jusqu'aux talons, un chapeau de castor hérissé, de gros gants de daim roulés dans une main, un pantalon de Nankin trop court.

La jeune femme était Madame Héloïse

Noëmi d'Apreville, femme du capitaine au long cours de ce nom.

Elle avait vingt-huit ans et le capitaine en avait cinquante ; — il l'avait épousée une dizaine d'années auparavant après l'avoir rencontrée par hasard dans une maison pour laquelle il avait des marchandises.

Noëmi, orpheline, sans aucune fortune, avait été recueillie par des parents éloignés, qui lui faisaient payer l'hospitalité qu'ils lui donnaient — au prix où cela se paie chez des parents riches, avares et vaniteux.

Noëmi était belle, instruite, spirituelle, — le cœur du capitaine Hercule d'Apreville en avait été remué sous l'épaisse poitrine bronzée qui lui avait servi jusque-là de cuirasse impénétrable. Au voyage suivant, le capitaine rapporta pour Noëmi quelques curiosités qu'il lui offrit timidement. Puis, quelque temps après, ayant réglé son compte avec ses armateurs, et se trouvant suffisamment riche pour vivre à sa guise dans une petite maison qu'il avait héritée de sa famille, et dans laquelle il était né, — il s'occupa d'arranger cette maison pour s'y retirer ; — il fit faire des peintures, coller des papiers, — il acheta des meubles, — mais il lui semblait qu'il manquait toujours quelque chose.

Il retrouva une servante élevée par sa famille, qui depuis s'était mariée et était devenue veuve avec deux enfants. Il prit chez lui Mathilde, que par une corruption de mots ordinaire en Normandie on appelait Maltide, et recommanda l'aîné des garçons à son ami le capitaine Anthime Férouillat, qui, après avoir navigué longtemps comme son second, avait obtenu le commandement d'un petit bâtiment à vapeur qui faisait le cabotage à de petites distances et revenait au port tous les cinq jours. Ces anciennes relations, quoique Anthime fût devenu capitaine à son tour, tenaient toujours Férouillat dans une sorte de subordination à l'égard d'Hercule, qui de plus avait sur lui l'avantage immense de la fortune.

Hercule d'Apreville mangeait bien, buvait bien, dormait la grasse matinée.

Et cependant il n'était pas heureux.

Il fit faire un canot charmant pour se livrer à la pêche, — il prit le second fils de Maltide pour matelot, — fit venir des tambours et paniers à prendre les homards d'Étretat, — chargea un ami de lui apporter de Livourne des trémails en soie, — en un mot, s'équipa et s'appléta de telle façon que les pêcheurs de la côte le déclarèrent, — comme on avait fait jadis pour Alain, — dont j'ai écrit autrefois l'histoire, — l'ennemi du poisson.

Eh bien! cela ne l'amusa que pendant quelque temps.

Il alla passer une partie de ses journées au port voisin, retrouva les capitaines ses confrères, déjeuna, dîna et but avec eux.

Mais en un mois il eut épuisé tout ce que contient de plaisirs le domino à quatre, et il revint chez lui l'estomac fatigué par l'eau-de-vie de cidre et le genièvre, qui sont aussi nécessaires pour jouer aux dominos que les dominos eux-mêmes.

Cette assertion est inexacte; elle pêche par la timidité.

L'eau-de-vie de cidre et le genièvre sont plus nécessaires pour jouer aux dominos que les dominos.

Je n'ai jamais vu quatre marins dans les cafés souterrains où ils se réunissent — jouer aux dominos sans avoir sur la table une canette d'eau-de-vie de cidre et une de genièvre.

Et il n'est pas rare de les voir en même nombre autour d'une table, où ils se sont assis pour jouer aux dominos, vider à plusieurs reprises les *pots* d'eau-de-vie et de genièvre, en fumant — sans penser à sortir de leur boîte les dominos que le garçon finit par donner à d'autres joueurs sans qu'ils s'en aperçoivent.

Le capitaine Hercule se reposa un peu chez lui, puis, voyant qu'il s'ennuyait toujours, il alla passer un mois à Paris. Il visita tous les monuments : la colonne de la place Vendôme, le Louvre, le Panthéon, etc., puis Versailles, — un jour de *grandes eaux*.

J'ai toujours vu les marins s'empresser, dans leurs voyages à Paris, d'aller voir jouer *les grandes eaux* à Versailles.

Ils rient beaucoup sur leurs plages de la stupéfaction et de l'admiration écrasante qu'éprouvent les Parisiens à l'aspect de la mer.

Eux réservant leur admiration pour les jets d'eau, les cascades et les robinets de Versailles.

Après tous les monuments, il alla voir tous les théâtres. Après, quoi ?

Le capitaine Hercule d'Apreville découvrit, un peu avant la fin de son mois, qu'il s'ennuyait également à Paris ; que l'ennui y était plus cher, mais qu'on en avait pour son argent ; qu'il y était parfaitement conditionné et de bonne qualité.

D'ailleurs, un marin ne tarde pas beaucoup à se demander le matin : « Ah çà ! où est donc la mer ! » Ces horizons de pierres et de maisons, où les yeux voient se cogner et s'émousser sans cesse la pointe de leurs regards accoutumés à plus d'espace, ne tardent pas à les fatiguer et à leur donner le mal de terre.

Le capitaine revint à sa petite maison. Le premier jour, il s'y trouva très-heureux ; il dormit mieux dans son lit ; il dîna mieux en mangeant sur sa table le *fricot* apprêté par Maltide.

Le lendemain, il s'amusa énormément à la pêche.

Le surlendemain il s'y ennuya.

Le jour d'après il resta chez lui et se dit :
— Mais que diable manque-t-il dans cette maison !

Le dimanche d'après il alla à la messe.

Car le capitaine Hercule d'Apreville jurait, sacrait, avait parfois aimé des négresses, en se contentant de leur part d'un consentement incomplet — avait d'autres fois tué des nègres malgré leur refus formel — il avait dans son commerce exercé l'épicerie à main armée, et ne s'était pas toujours piqué de donner le prix entier des marchandises qu'il prenait, ni le poids exact de celles qu'il livrait.

Mais, néanmoins, le capitaine Hercule d'Apreville n'aurait manqué pour aucun prix une des solennités de l'Église. Jamais il ne se mettait en route sans avoir fait dire préalablement une messe pour la prospérité de son voyage. Il n'était pas fâché d'avoir à terre quelqu'un qui, pendant une tempête, faisait à son intention brûler quelques petits cierges devant saint Sauveur, un saint inventé par les marins.

En effet, ces hommes, qui à chaque instant peuvent se trouver dans des dangers où la force de tous les hommes réunis ne pourrait rien pour leur salut, tournent naturellement leurs regards vers le ciel.

Il y avait dans l'église de la commune un tableau représentant le navire du capitaine d'Apreville dans une tempête; sur ce navire on voyait le capitaine lui-même — un peu plus grand que les mâts, — joignant les mains et implorant le ciel, et dans un nuage la sainte Vierge et l'enfant Jésus.

C'était le résultat d'un vœu qu'avait fait le capitaine pendant une furieuse tempête, où il n'avait dû, disait-il, son salut, celui des hommes de son équipage et de son navire, qu'à la protection de la Vierge.

Il expliquait parfaitement aux autres marins qu'il n'y avait plus aucunes ressources dans la science et dans la pratique du métier ; qu'il était inévitablement perdu sans l'intervention de la puissance divine, et les gens qui se piquaient avec raison de savoir leur métier tombaient d'accord avec lui ; que l'homme n'avait plus rien à faire pour son propre salut dans les circonstances où il s'était trouvé.

Qui aurait pu prouver, qui aurait pu soutenir que ces gens se trompaient? Je déclare que ce n'aurait pas été moi.

Le capitaine Hercule d'Apreville, à l'église, suivait attentivement la messe et chantait à haute voix avec les chantres — en latin.

En sortant de l'église, le capitaine vit mademoiselle Noëmi Vallier, à laquelle il offrit de l'eau bénite — puis il rentra chez lui, soucieux et préoccupé ; — il trouva la maison plus vide que jamais ; — sa table plus triste quoique Maltide eût particulièrement soigné la *fricassée* ce jour-là. — Il remarqua Férouillat qui l'attendait pour dîner à midi, heure d'usage, — racontant souvent les mêmes histoires. — Il l'appela plus souvent que de coutume « Normand », à cause que Férouillat était né dans la vallée d'Auge et bas-Normand, ce qui est le Normand par excellence. Mais il comprit ce qui manquait dans la maison, et il se représenta qu'à cette table, voir en face de lui le gracieux et frais visage de Noëmi, serait un horison bien plus agréable que la figure tannée et goudronnée du capitaine Anthime.

Huit jours après il demanda *la main* de Noëmi à ses parents — à elle-même, il n'aurait pas osé.

Noëmi fut consultée un peu pour la forme, car les parents trouvaient très-sortable une union avec un homme qui ne demandait rien.

Pas de dot, cela ne les inquiétait guère — ils étaient si bien résolus à n'en pas donner ! — mais on pouvait demander un trousseau, et il aurait été difficile de ne pas en donner au moins une imitation. Noëmi comprit que du jour où elle aurait refusé un établissement — elle serait dans un état d'hostilité permanent avec une famille qui désirait vivement se débarrasser d'elle, et qui était à bout de la magnanimité peu coûteuse qu'elle s'était plus d'une fois repentie d'avoir commencé à manifester.

D'autre part — être mariée — être chez

soi — ne plus attendre d'une générosité paresseuse — les robes, les chapeaux, etc., que sa parente avait soin de se payer, en les choisissant de couleurs et de formes désagréables — c'était une perspective fort séduisante.

Et elle s'efforça d'oublier que le capitaine d'Apreville n'était ni beau, ni jeune, ni élégant, ni instruit, à part les connaissances de son métier qu'il possédait à un degré remarquable ; — elle pensa qu'elle s'accoutumerait même à l'odeur du tabac, se réservant de l'empêcher d'en mâcher, — même aux petits anneaux d'or qu'il portait aux oreilles.

Noëmi donna son consentement et devint madame d'Apreville.

De ce jour, le capitaine fut le plus heureux des hommes ; son amour pour Noëmi, qu'il considérait avec quelque raison comme une créature d'un ordre supérieur à lui, tenait singulièrement du culte. — Jamais il ne put se persuader que cette femme était à lui, — mais il se sentait à elle, — il lui faisait la cour tous les soirs, et était ému et tremblant d'incertitude vers dix heures. Noëmi était la madone de la maison. — Maltide ne partageait pas tout à fait l'admiration de son maître pour la nouvelle venue. — D'abord elle avait été forcée d'abdiquer le gouvernement de la maison, — puis elle ne trouvait pas Noëmi très-jolie.

Ce frais visage, un peu pâle comme une

rose du Bengale carnée, ne lui semblait pas aussi beau qu'une figure ornée de deux belles plaques rouges sur les joues. Cette taille, un peu mince et souple, ajoutée à la blancheur de la peau, lui paraissait plutôt un signe de faiblesse et de maladie qu'une grâce et une beauté.

Elle ne put s'empêcher de le dire un jour à Noëmi elle-même.

Maltide avait été célèbre pour sa beauté dans sa jeunesse. Et voici comment feu Césaire Valin l'avait demandée pour Onésime Valin, son fils, à Martin Glam, père de ladite Maltide :

— Dites donc, voisin, savais-vous qu'vous

avais eune fille qu'elle est joliment lourde, tout de même?

— Vous êtes ben honnête, voisin Valin, mais votre fille, la Valaine, est, je crois, encore plus lourde.

— Faut pas dire ça devant les jeunesses, voisin Glam, c'est déjà assez porté à s'en faire accroire, — j'avouerai que la Valaine est pas mal lourde aussi — ça fait deux beaux brins de fille. — Mais pour Maltide y en a point une dans la paroisse pour être si rouge qu'elle.

— Ça, c'est vrai qu'elle est rouge — c'est une vraie pomme — mais la vôtre est bien aussi rouge.

— Vous mentais... y en a point une comme Maltide. C'est pas ça — c'est qu'y a Onésime qu'a dit comme ça qu'il en voulait pas d'autre.

— Il m'a bien semblait aussi qu'y s'parlaient.

— Onésime est un fort gas — ça vous soulève une barrique de cidre — et ça la met sur une table.

— C'est pas qu'faudrait pas gager cher que Maltide en ferait pas autant.

— Eh ben ! voisin Glam, j'y vas pas par quatre chemins, Onésime est un fin pêcheur ;

vous savez qu'il flaire le harang d'une lieue,
— il a deux lots de filets et sa pouche garnie.

— Maltide n'a pas une mauvaise coffrée.

— Eh ben! ça va-t-il?

— Ça va, — goûtez un peu de notre cidre.

Quelques heures après, les grands parents, complétement ivres, avaient réuni leurs enfants, leur avaient fait des discours sages, — et, un mois plus tard, Maltide avait épousée Onésime, qui depuis s'était *perdu* dans un voyage.

Elle n'avait pas oublié son ancienne célébrité pour la force et l'éclat des joues, et ne trouvant Noëmi ni lourde, ni rouge, elle lui dit :

— Ah ça ! à Paris, c'est donc pas la même espèce qu'ici ? — Vous autres, tant plus que vous êtes blanches, tant plus que vous êtes belles ; — nous, ici, tant plus qu'on est rouge, tant plus qu'on est belle.

Elle soignait Noëmi comme quelque chose de fragile appartenant à son maître, — comme une porcelaine, — mais sans l'aimer pour son compte.

Quand Noëmi devint grosse et quand elle mit au monde la petite Esther, — Maltide fut très-étonnée; — elle crut d'abord que l'enfant de cette femme frêle et blanche ne vivrait pas.

Mais Esther, au contraire, fut bien portante et d'une santé parfaite. — Maltide l'aima pour la part qu'y avait son maître.

Après quelques annèes, Noëmi devint triste, — et Hercule la pressa tant de questions qu'elle finit par avouer qu'elle s'ennuyait!

Le plus terrible aveu qu'une femme puisse faire.

— Une femme qui s'ennuie est capable de

tout. — On en a vu empoisonner leur mari pour se désennuyer.

Les femmes ne meurent que d'ennui.

—Aimez-les, si vous voulez, mais, si vous les laissez s'ennuyer, elles ne feront pas plus de cas de votre amour, quelque ardent, quelque dévoué qu'il soit, que d'une paire de gants fanés ou d'un chapeau dont la coupe n'est plus à la mode.

Noëmi avoua en outre que, née à Paris, elle mourrait si elle n'y retournait pas. Le capitaine compta, recompta, en lui faisant l'exposé de sa petite fortune — et lui demanda si elle serait suffisante pour vivre à

Paris. — Noëmi répondit négativement et prit les airs résignés les plus attendrissants.

Hercule fit ce qu'il avait fait pour lui-même, il chercha tous les moyens imaginables de la distraire, mais sans résultats.

Alors, il lui dit un soir :

— Noëmi, la mer qui m'a fait ma petite fortune me doit bien encore quelque chose. Il se présente une magnifique occasion ; il y a un coup de commerce important à faire ; mais je ne veux plus partager avec les armateurs, qui ont toujours soin de se réserver la plus grosse part. Je vais retourner à la mer pendant quinze mois ou deux ans d'abord; puis, s'il est nécessaire, je ferai un second voyage; mais j'ai bonne idée du premier. Il y a sur le chantier de Crescent, le *Charpentier*, une goëlette qu'on est en train de mâter. C'est un modèle de goëlette; ça doit serrer le vent comme un goëland. Il avait fait ça pour un négociant qui a fait la culbute. On l'aura à bon marché.

Noëmi fit quelques objections, mais se laissa battre. Hercule d'Apreville acheta la goëlette qui fut baptisée en grande pompe. — Anthime Férouillat en fut le parrain avec Noëmi pour marraine, — comme il avait été parrain d'Esther avec Julie Quesnel, une amie de madame d'Apreville qui s'était mariée depuis et avait été habiter Paris, ce qui n'avait pas été étranger à la nostalgie de Noëmi.

Les lecteurs qui voudront savoir les détails exacts et intéressants du baptême d'un navire les trouveront dans la *Famille Alain* — roman de leur serviteur.

La goëlette fut appelée « la Belle Noëmi. »

C'était donc pour voir sortir du port « la belle Noëmi », sous le commandement du capitaine Hercule d'Apreville, que les personnages dont nous avons parlé étaient réunis sur la côte, les yeux tournés vers l'Est.

A l'exception d'Anthime Férouillat, qui

fixait de temps en temps sur la femme de son ami des regards ardents qu'il détournait lorsqu'il craignait d'être aperçu un peu par elle et beaucoup par Maltide.

Une exclamation de Maltide, qui avait les yeux presque aussi exercés que Férouillat et qui était moins distraite, — signala la sortie de la goëlette.

Une jolie brise qui s'élève souvent à la fin du jour dans la belle saison la faisait glisser sur une mer unie. — Elle gagna le large pour s'élever au vent, puis d'une seconde bordée se rapprocha beaucoup de la terre. — De telle sorte qu'on vit un homme agitant un mouchoir. — C'était le capitaine.

On répondit de terre par des signaux semblables.

Et Anthime, d'un ton un peu brusque, dit à Noëmi qui agitait son mouchoir :

— Si vous croyez qu'il vous regarde... une fois à la mer, Hercule ne pense plus qu'à son navire.

A la troisième bordée, la goëlette se trouva assez élevée et commença sa route en ayant le vent grand largue.

Le ciel, pendant le temps qu'elle avait mis à gagner ce point de la haute mer, avait changé d'aspect ; — le soleil descendu sous l'eau allumait d'un feu orange vif toute la partie limpide qui s'étendait de la mer au sombre nuage. — La goëlette passa sur ce fond orange comme une noire silhouette. On put voir alors la pointe de sa mâture inclinée un peu en arrière.

Puis elle ne tarda pas à disparaître dans les brumes de l'horizon.

— Férouillat reconduisit Noëmi jusqu'à sa porte ; il partait cette même nuit, pour son trajet périodique.

— Dans cinq jours, lui dit-il.

— Dans cinq jours, répondit-elle.

Maltide pleurait. — Ce n'est pas dans cinq jours, pensait-elle, que reviendra le maître de la maison, ni dans cinq mois non plus : — qui sait s'il reviendra ?

— Et tout cela, parce que cette créature ne trouve pas notre Normaudie un pays assez beau pour elle.

Noëmi rêva pendant la nuit — que le capitaine d'Apreville était revenu avec un vaisseau d'ivoire et des voiles de satin — le navire était chargé d'or. Noëmi avait une maison à Paris — une voiture — et sa loge aux Italiens.

Elle fut réveillée — par le vent, qui faisait trembler la maison.

— Quel temps ! dit Maltide ; pourvu qu'il soit seulement sorti de la Manche.

Elle s'échappa, alla à l'église — fit une prière et alluma deux petits cierges devant l'autel de la Vierge.

I

Une parenthèse de l'auteur.

A propos, j'allais oublier de vous dire pourquoi je ne vous ai pas appris le véritable nom du port auprès duquel se passe l'histoire que je vous raconte.

— Voici ma raison :

C'est que cette histoire n'est pas autant un roman qu'on le pourrait croire, — et que je ne veux pas forcer quelques-uns des personnages de se reconnaître. Ce danger de voir les gens se reconnaître n'est pas aussi réel qu'on le supposerait. C'est pourquoi je dis que je ne veux pas y obliger les gens.

Je me rappelle avec quelle inquiétude je retournai dans le monde il y a quelques années, après avoir publié un roman de *Clotilde*, dont madame George Sand a bien voulu accepter la dédicace.

Le caractère de Clotilde est pris sur nature; son portrait physique même est extrêmement exact; — j'avais seulement changé un peu la couleur de ses cheveux : j'avais fait Clotilde blonde, et le modèle avait les cheveux bruns ; — mais elle n'en était pas moins de l'espèce blonde.

J'ai toujours le projet de faire un traité : De la férocité des blondes.

Il y a des blondes qui ont les cheveux bruns.

Tant pis pour ceux qui ne me comprennent pas.

Ce roman avait eu quelque succès. — Je redoutais singulièrement la rencontre de l'héroïne.

Je me demandais, alors que j'étais redescendu dans la vie réelle, si j'avais eu le droit de faire un portrait aussi ressemblant. J'évitai d'abord un peu les maisons où j'avais le plus de chances de la rencontrer; mais un soir je la vis resplendir de tout l'éclat de sa jolie petite personne. Elle était assise sur un canapé, et me fit signe de venir à elle.

J'obéis, en désirant que le lustre tombât et tuât quelqu'un, ce qui aurait amené une diversion.

Mais le lustre ne tomba pas.

— J'ai cru, me dit-elle, que vous faisiez semblant de ne pas me voir.

Naturellement je répondis aussi maladroitement que possible :

— Et qui a pu vous faire croire... Après cela, j'ai la vue basse.

— Et depuis quand ?

— Je veux dire fatiguée ; j'ai travaillé le soir.

— C'est justement de cela que je veux vous parler.

— Ah !

— J'ai lu Clotilde.

— Comment se porte votre mari ?

— Bien. — Je vous disais que j'ai lu Clotilde, — et j'ai eu à vous défendre. — Il y a des gens qui trouvent le caractère de Clotilde exagéré. — Eh bien ! non ! il y a des femmes comme ça.

Puis elle parla d'autre chose.

Revenons à la Pénélope normande.

Entre ce que je viens de raconter, — et ce qui va suivre, — il se passa un peu plus de quinze mois.

René de Sorbières à Augustin Sanajou.

Mardi..... juin.

« Ne vas pas à la diligence samedi prochain attendre l'arrivée de ton ami. Je resterai encore ici une semaine.

« Des affaires imprévues... allons, j'allais te faire un mensonge, — point d'affaires, mais ce qui est plus sérieux, un plaisir, et un plaisir imprévu, et un plaisir incertain, me retient encore ici une huitaine de jours.

« Voici l'histoire :

« Il y a trois jours, je m'étais promené

dans la forêt pendant quatre heures avec mon chien et mon fusil, sans rien voir. Je rentrais d'assez mauvaise humeur à ma petite maison. Au haut de la colline, sous les grands châtaigniers, comme j'approchais de la haie qui entoure le jardin, je vis une femme sortir brusquement de la tonnelle de vigne vierge et s'enfuir à ma vue. Je la saluai, mais cette démonstration pacifique me parut n'avoir d'autre effet que de rendre sa fuite plus rapide.

Rien de si facile que de placer momentanément son bonheur dans quelque chose qu'on ne fait qu'entrevoir et qui fuit, — peut-être est-ce même là la définition la plus claire du bonheur.

Ma vieille servante remporta, sans que je l'eusse touché, un poulet un peu trop rôti qui m'attendait depuis longtemps — et je passai la soirée à me promener dans la forêt, que je trouvai aussi peuplée de rêves charmants que je l'avais trouvée quelques heures auparavant dépeuplée de gibier.

« Le matin, je reçus une lettre :

« Pardon, monsieur, d'abord pour la manière dont j'ai envahi votre domicile; ensuite et surtout pour l'impertinence de ma fuite à votre approche. Ma sauvagerie peut me faire passer pour la femme du monde la plus mal élevée, — mais je tiens à vous prouver que mon second mouvement vaut mieux que le premier. Je vous prie de n'en conserver aucune mauvaise impression et de vouloir bien me permettre de me reposer quelquefois dans mes promenades sous ce berceau touffu qui me plaît tant.

« Recevez, monsieur, avec mes excuses, l'assurance, etc. N. D'Apreville. »

« Je ne sais si cette petite lettre a coûté beaucoup de peine à écrire à celle qui me l'envoyait — mais moi je griffonnai et déchirai dix billets avant d'en faire un dont je fusse content.

« Il est vrai que j'y voulais absolument mettre infiniment d'esprit, infiniment de cœur, un peu d'héroïsme, un peu de dévoûment, un peu de générosité, beaucoup de poésie, avec une nuance suffisante de respect, de réserve, de dignité, sans cependant oublier de laisser entrevoir une imagination ardente et un cœur passionné.

« Tout en écrivant, je voyais devant les yeux le paysan qui avait apporté le billet et qui attendait une réponse — ; il regardait en l'air et faisait tourner ses pouces. — Je venais de déchirer, de froisser et de rouler en tampon mon dixième essai et de le jeter en colère à l'autre extrémité de la chambre, lorsque je pensai que, ma lettre une fois réussie et bien faite — Dieu sait quand j'arriverais à ce résultat — le temps que j'aurais mis à l'écrire dénoncerait le travail et la préméditation. — Il n'était plus temps d'avoir fait une réponse du courant de la plume; je me décidai à n'écrire que quelques lignes auxquelles on ne pourrait attribuer le retard du messager.

« J'offrais mon jardin tout entier — j'expliquais que, si j'avais aperçu d'avance ma visiteuse, j'aurais évité de la déranger et de l'effrayer. Je comprenais que les fortifications de la haie fussent un attrait pour une femme aussi peureuse. Ma discrétion la garantirait au dedans comme la haie au dehors.

« Le lendemain je reçus une réponse à mon billet :

« Vous êtes bon et aimable, monsieur, on me l'avait dit, — et je vous sais un gré infini de m'en avoir fourni une preuve par cette petite lettre qui répond bien généreusement à mon impertinence d'avant-hier.

« Je regrette que la réclusion où je vis m'oblige à ne pas vous demander de venir recevoir chez moi tous mes remerciements pour l'offre gracieuse dont j'aurai le plus grand plaisir à profiter.

« La première fois que j'irai sous la tonnelle, ce ne sera pas seulement pour y être fortifiée, mais aussi pour avoir le plaisir de vous exprimer ma reconnaissance pour votre hospitalité et surtout pour la façon dont vous l'offrez, la seule qui me permette de l'accepter. NOÉMI D'APREVILLE. »

« Voilà où j'en suis, mon cher Augustin, — je veux avoir fait les honneurs de ma tonnelle à cette prudente personne avant mon départ ; — agir autrement ne serait pas très-civil, — mais il a plu presque toute la nuit, les promenades dans la forêt ne sont pas possibles. — J'ai fait à ma vieille servante quelques questions sur madame d'Apreville. — C'est la femme d'un capitaine qui avait abandonné la mer depuis son mariage, il y a quelques années, et qui y est retourné il y a un an. — Les marins, dit la mère Breschet, ça a l'air quelquefois d'aimer les femmes, mais au fond ça n'aime que la mer. Madame d'Apreville est une femme qui s'ennuie — c'est facile à prendre au lacet comme un oiseau affamé par un temps de neige. Je me donne donc une semaine pour mettre à fin cette aventure ; il serait honteux pour ton élève, pour René de Sorbières, de ne pas, en une semaine, amener à mal une femme qui s'ennuie ; — c'est une entreprise facile à l'usage des commençants.

« A toi, R. DE S. »

Noémi d'Apreville à Julie Quesnel.

« Décidément les hommes ne sont pas forts.

« Quand un mari conçoit de l'inquiétude à propos d'un homme de sa société ou de son voisinage, il emploie le procédé que voici : — il signale l'ennemi à sa femme en lui disant : — C'est un séducteur, un mauvais sujet, un homme qui a eu trois cents maîtresses, qui se fait un jeu de jeter le trouble dans les ménages, etc. ; — je vous avertis du danger, etc.

« Aucun de ces honnêtes maris ne s'avise de songer que ce danger n'est un danger que pour lui, et n'a rien qui nous épouvante, — et que pendant qu'il nous trace ce qu'il croit un affreux portrait, — nous entendons ceci : — C'est un homme très-aimable, très-séduisant, qu'il serait très-glorieux de fixer, et très-agréable d'enlever aux autres femmes.

« Un de ces derniers soirs, je m'ennuyais tellement que j'ai fait une fable sur ce sujet. — J'espère ne la pas mettre en vers, — je vois à l'horison une distraction qui ne m'en laissera pas le triste loisir. Voici le sujet de ma fable :

« Un perroquet dit à un lapin : — Lapin, mon ami, je vais te donner un conseil dans ton intérêt : évite avec soin d'aller dans cette partie du jardin, — il y a là tout un grand carré de persil; — quand on mange du persil, les plumes vous tombent, le bec s'amollit, la tête tourne et l'on meurt empoisonné. — Perroquet, répond le lapin, les lapins n'ont pas peur de perdre leurs plumes ; le persil n'empoisonne que les perroquets, — et il court du côté où on lui a signalé le persil dont il fait un splendide repas.

« Mon pauvre bon mari m'a fait de notre voisin inconnu, M. René de Sorbières, le portrait ci-dessus rapporté, — puis il est parti tranquille après m'avoir signalé le danger, et aussi heureux qu'a pu l'être Jean Racine après avoir terminé le portrait du monstre qui effraie si fort les coursiers d'Hippolyte.

« Mais depuis un an M. de Sorbières n'a pas paru ici — et depuis un an il s'est passé des choses que je ne lui pardonnerai pas. —

Le Férouillat, auquel mon mari m'a donnée à garder, n'aurait pas obtenu à force d'ennui, de lassitude... ce qu'il a obtenu, si mon imagination avait pu s'occuper ailleurs. — Une femme de vingt-cinq ans ne peut que difficilement ne pas aimer; — elle ne peut pas du tout ne pas se sentir aimée; — on peut à la rigueur ne pas accueillir d'amour — mais au moins faut-il en avoir un à repousser. Férouillat était là — seul — toujours là et toujours seul — il a bien fallu le préférer; — aujourd'hui M. de Sorbières arrive trop tard, ils me le paieront tous les deux. On ne peut avoir deux amants que s'ils sont malheureux tous les deux. — M. de Sorbières n'arrivera pas et Férouillat sera précipité. Après tout, les amants malheureux sont les seuls fidèles, les seuls aimables, les seuls dévoués. Va donc pour deux amants malheureux !

« Il me semblait naturel que M. de Sorbières arrivant à sa femme, l'informant un peu du personnel féminin du pays — un monstre insatiable comme me l'a peint cet excellent Hercule devait naturellement s'enquérir de ce qu'il trouverait à mettre sous la dent pendant son séjour ici. Mais je crains que mon mari ne l'ait singulièrement flatté. — Il n'a pas passé sous mes fenêtres ; il n'a pas paru à l'église, même devant cette chapelle invisible que le diable a, dit-on, dans toutes les églises. Je voulais l'éviter et le fuir; cela donne de l'ardeur aux poursuites. Mais il ne m'en a pas donné l'occasion. — Il n'est pas possible, cependant, que M. René de Sorbières soit sensible aux attraits robustes de ces hommes femelles qui servent de femmes aux paysans. Je ne pouvais attribuer son indifférence qu'à l'ignorance de mon séjour ici. — Ma foi ! j'ai pris un grand parti, je suis allé le fuir chez lui.

« Il y a une charmante petite maisonnette dans les bois, en haut d'une colline. — Anthime Férouillat m'y avait menée pendant l'absence de M. René. Du jardin on voit le soleil se coucher derrière les cîmes des châtaigniers ; — il y a beaucoup de fleurs et des tonnelles épaisses et embaumées — et pendant qu'Anthime m'y parlait de sa flamme —

je me disais : — Quel charmant endroit pour y aimer un autre !

« Je suis allée me reposer sous une des tonnelles du jardin. M. René revint de la chasse presque à la fin du jour. J'attendis, pour être surprise et effrayée de sa brusque apparition, qu'il fût assez près de moi pour bien voir les quelques faibles avantages que l'on veut bien m'accorder. Il n'était qu'à quelques pas de la tonnelle, lorsque je jetai un petit cri et pris la fuite. — Comme je me retournais pour voir si le monstre ne me poursuivait pas, — je l'aperçus à la place où il m'avait vue. — Il me salua gracieusement ; — le plus gracieux étant, en fait d'amour, une première hostilité, je redoublais l'ardeur de ma fuite.

« S'il m'avait poursuivie pour s'excuser, je me serais laissée atteindre, mais il paraît qu'il me crut effrayée pour tout de bon, — ou qu'il avait très-faim — car il entra dans la maison. J'étais piquée; — le lendemain, je lui écrivis pour lui demander pardon de la hardiesse d'être entrée chez lui et de l'impolitesse de ma fuite. — Sur le premier point, je le croyais absent; — sur le second, je suis affligée d'une invincible timidité, etc.

« M. René me répondit le petit billet le plus laborieusement insignifiant qu'on puisse imaginer; — cependant il me priait de ne pas interrompre mes promenades dans son enclos; — il m'offrait d'éviter ma présence pour ne pas m'effaroucher, etc. — Je crus devoir répondre pour remercier provisoirement.

« Je crois que j'aurais profité un peu trop tôt de la permision, sans une pluie bienfaisante qui est venue rendre heureusement impossible une démarche trop prompte ; — ce n'est qu'hier que je suis allée à la tonnelle — mais avec ma petite Esther ; — sans aucun doute, il rôdait aux environs — car j'y étais à peine depuis dix minutes que je l'ai vu arriver ; — sa timidité était plus réelle et mieux jouée que la mienne ; — j'allai droit à lui : — Monsieur, lui dis-je, j'étais venue pour vous rencontrer et vous remercier de votre gracieuse hospitalité.

« Il fut poli — un peu embarrassé — la

présence d'Esther qu'il déclara une charmante enfant ne parut pas le combler de joie.

« Nous causâmes de choses et d'autres — je parlai de mon mari — de sa tendresse paternelle pour moi — de mon affection et de mon estime pour lui. — Je lui contai son absence et la façon originale dont il me donne de ses nouvelles — en m'envoyant par les navires qu'il rencontre les produits précieux des singuliers pays où il se trouve, de la poudre d'or, un châle, des nattes, etc.

« L'enfant et le mari rendirent M. de Sorbières très-froid — je le savais bien — mais c'est un effet nullement dangereux, au contraire — je me l'explique par cette nouvelle médecine par l'eau : — on vous enveloppe d'un drap glacé — puis il s'opère une réaction, et il vous vient à la peau une chaleur presque fiévreuse. — Très-peu d'hommes ont en réalité le désir qu'ils affichent tous de rencontrer au désert cette fleur qui s'épanouit solitaire — ils ne prendraient pas la peine de se pencher sur elle pour respirer ses parfums — c'est la fleur à la boutonnière ou à la main d'un autre qui leur fait envie ; — c'est misérable, mais c'est comme ça — on prend les amoureux à la pipée, comme les oiseleurs prennent les oiseaux, en ayant d'autres oiseaux déjà pris et attachés par la patte. Les hommes vous apportent bien plus volontiers leur cœur sur un tas de cœurs déjà amoncelés à vos pieds — de même que les fermières mettent des œufs vrais ou faux dans les nids des poules pour les engager à y venir pondre.

« J'ai laissé M. René mécontent et amoureux. — Il est fort bien. — Je ne lui pardonnerai jamais d'être venu trop tard, — pas plus que je ne pardonnerai à Férouillat d'être venu trop tôt.

« Noémi. »

René de Sorbières à Augustin Sanajou.

« Ma foi, tant pis ! — je partirai demain. — Au lieu d'une semaine, j'en ai pris deux, et, je l'avouerai à ma honte, je ne suis pas plus avancé que le premier jour. — Cependant je vois madame d'Apreville tous les jours, — elle vient regarder coucher le soleil dans mon jardin ; — quand elle est partie, je rappelle ses paroles et les miennes, je rappelle jusqu'à ses gestes et aux inflexions de sa voix, — et je ne sais rien.

« Si je veux choisir dans ce qu'elle fait, dans ce qu'elle dit, — dans ses manières d'agir et de parler, — en en prenant à peu près la moitié, — je me persuade, je me prouve qu'elle m'aime.

« Mais l'autre moitié me prouve parfaitement le contraire.

« Quand je veux juger le tout à la fois, ma raison s'étourdit complètement et je ne vois plus rien.

« Tantôt elle me dit de ces paroles d'une familiarité involontaire qui me frappent au cœur et font couler mon sang dans mes veines avec une douce chaleur, — puis, aussitôt après, elle laisse tomber un mot de froideur, d'indifférence, qui mêle de la glace à mon sang et me précipite des riants sommets où m'avaient enlevé les ailes de l'espérance.

« Je te prie de remarquer que je me sers ici des phrases d'usage et du langage consacré, sans t'autoriser pour cela à me croire amoureux.

« Madame d'Apreville est jolie ; — je suis seul, dans les bois, pendant l'été; — la campagne en cette saison, si l'on n'y est amoureux, a l'air d'un magnifique cadre vide. On y met ce qu'on peut. — Mais de là à une de ces grandes passions des romans, il y a de la distance. Toute autre jolie femme, à la place de madame d'Apreville, pourrait tout aussi bien remplir le rôle qu'elle remplit dans cette petite comédie de l'amour qu'il faut bien jouer sur un théâtre tout prêt comme celui où nous nous sommes rencontrés : — du soleil, de l'ombre, des arbres, des fleurs, des parfums, des chants d'oiseaux, des mur-

mures du vent dans les branches et de l'eau sous l'herbe, les splendeurs du soleil qui se couche dans ses courtines de pourpre. — Allons donc ! les pierres s'aimeraient, s'il ne se trouvait pas là un homme et une femme. Voilà trois jours que j'essaie en vain de me faire adresser une question, la plus simple du monde.

« Je lui ai dit, il y a trois jours : — Je suis de mauvaise humeur, il faut absolument que j'aille à Paris. — Je voulais me faire demander. — Y restez-vous longtemps ? — Elle n'a pas paru y songer. Elle m'a dit : — Je vous plains, par ce beau temps. Et sa voix n'ajoutait rien à cette phrase insignifiante. — La voix est une musique qui modifie singulièrement le sens des paroles. Grétry se chargeait de faire pleurer ses auditeurs en leur faisant entendre : « Bonjour, monsieur. » Il est clair qu'on peut dire ; — Je vous plains, par ce beau temps, sur un air qui vous fasse entendre : « *Je nous plains,* — moi qui aimais tant à jouir avec vous de ce beau temps ; » — et le diable sait si c'est la souplesse ou l'harmonie qui manque à la voix de madame d'Apreville. — L'air n'a pas dit plus que les paroles, — et les paroles étaient sèches.

« Dix fois depuis trois jours, je suis revenu sur le sujet de mon départ. — Le plus près qu'elle se soit approchée de la question que je voulais entendre a été ceci : « Nous ne sommes qu'au commencement de l'été, » voulant dire que je verrais encore de beaux jours, mon absence fût-elle longue ou courte.

— Et encore : « Me permettrez-vous de cueillir quelques reines-marguerites, quand elles seront épanouies ? je veux les peindre. » Or, les reines-marguerites ne seront pas épanouies avant six semaines. J'aurais pu, si j'avais été complaisant, dire : — Je vous les offrirai moi-même, je ne serai pas si longtemps absent, etc. — Mais non ; puisqu'elle s'opiniâtre à ne pas demander franchement ce qu'elle veut savoir, je m'obstinerai à ne pas le lui dire.

« Elle a été moins réservée sur les causes de mon absence :

« — Je comprends, m'a-t-elle dit, qu'un homme du monde s'ennuie vite à la campagne.

« — Moi ? madame, dis-je en la regardant tendrement, ce n'est pas l'ennui qui me fait aller à Paris.

« — Ah ! dit-elle, vous y avez vos amitiés — c'est bien naturel. » — Et comme elle avait dit cela d'un air froid et un peu piqué, je pensai avec raison que par « mes amitiés » elle entendait un sentiment plus tendre ; — je crus sottement devoir la rassurer :

« — Non, dis-je, ici je ne regrette rien

— ce sont des affaires qui m'appellent à Paris.

« Une petite moue dédaigneuse me rappela trop tard ces paroles d'Alphonse Karr : « Il y a deux choses que les femmes ne pardonnent jamais : le sommeil et les affaires. » Certes une femme ne serait pas tombée dans la même faute que moi — leur dureté, leur férocité, les sauvent de ces maladresses. — Une femme n'aurait pas perdu de vue que l'amant souffre d'une inquiétude, mais que l'amour n'en souffre pas — le cœur a besoin d'être déchiré comme la terre pour recevoir la semence et produire la moisson.

« Elle m'aurait un moment détesté et haï

si je lui avais laissé penser que j'allais à Paris pour voir une autre femme — mais après tout, cela lui aurait laissé voir un cœur tout consacré à l'amour — et valant la peine d'être pris — tandis que je lui ai montré un esprit occupé d'affaires et faisant entendre raison à mon cœur; — sa voix, son regard, m'ont fait comprendre que je venais par une seule parole maladroite d'être changé en quelque chose comme un crapaud ou pis encore, en quelque chose d'inerte et d'inanimé, une souche de bois ou une pierre.

« Et l'état où elle me laissa en me quittant me prouva encore mieux que j'aurais dû laisser à cette féroce imagination une petite inquiétude à grignotter pendant mon absence. Il ne tiendrait qu'à moi d'en emporter une. Mais pas de mauvaise plaisanterie. Ne faisons pas un duel d'un petit tournoi à armes courtoises. Ne nous laissons pas dominer par une petite campagnarde. Je pars, sans rien lui dire sur la durée de mon absence. Je la ferai assez longue pour l'inquiéter à son tour. Ah! vous êtes adroite : eh bien ! nous jouerons le grand jeu. Je n'ai jamais vu en amour celui qui fuyait ne pas remporter la victoire. L'amour est une chasse où le chasseur doit se faire poursuivre par le gibier.

« A demain.

« René. »

Noémi d'Apreville à Julie Quesnel.

« Le combat est engagé. — Dans une escarmouche qui a duré trois jours je suis restée victorieuse. — Je ne sais si le grand séducteur a voulu user d'une petite absence et me prendre par la famine, ou s'il a réellement *des affaires* qui l'appellent à Paris. — Toujours est-il qu'il tenait beaucoup à juger de l'effet de cette absence volontaire ou forcée, et qu'il voulait m'en voir triste, abattue, inquiète. — Je n'ai même pas été curieuse : je l'ai au contraire assez rudoyé, et cela sans tactique, de la meilleure foi et surtout du meilleur cœur du monde. — Rien d'impertinent comme de parler à une femme des affaires par opposition à l'amour. Est-ce donc un jeu que l'amour ? N'est-ce pas la plus importante des affaires ? — Même quand il nous plaît de prendre l'amour comme un jeu ou comme une distraction, nous voulons qu'il soit pour notre... adversaire—la seule affaire de sa vie ; — la coquetterie féminine a un peu de la voracité dédaigneuse de l'ours, qui ne mange que des animaux bien vivants.

« Ce départ est survenu la veille d'une des arrivées périodiques de Férouillat, — qui commande toujours ce bateau à vapeur et qui, grâce à Dieu, ne peut venir m'apporter ses hommages que tous les cinq jours. — Il m'a trouvée aussi irritée de sa présence que de l'absence de M. de Sorbières, et, ma foi! il a payé pour tous les deux. Ah! ma chère, il faut absolument avoir deux amants, — j'entends deux amants malheureux ;—autrement, ce serait immonde. On ne traduit sa faiblesse pour l'un que par sa force contre l'autre, — et cela ne compromet pas. — Ainsi, je défie bien M. de Sorbières de prendre avantage sur moi de l'ennui que me cause son voyage, — cet ennui ne s'expliquant que par mes duretés à l'égard du malheureux Anthime.

« Avec quelle noble dignité je l'ai accueilli! — pas de brutalités, pas de caprices — des réflexions sensées, des remords, un retour d'estime, de reconnaissance, de tendresse pour mon mari — des reproches de sa conduite à l'égard de son ami qu'il a trompé en me faisant tomber dans le piége de ses séductions.

« Il était beau de voir l'épais personnage se défendre d'être un séducteur, protester contre l'accusation de piége. — Tu n'aurais pu tenir ton sérieux — il m'a dit qu'il n'avait pas prémédité de trahir son ami, mais que, voyant cet abandon maladroit d'une jeune femme livrée au pillage, il avait fait comme le chien de Lafontaine, qui, ne pouvant défendre contre les autres chiens le dîner de son maître, se décida à en manger sa part. Il m'a reproché avec une assez touchante tristesse que « je ne l'aime plus — maintenant que cet amour est devenu son bonheur et sa vie. « J'ai protesté à mon tour contre toute accusation de caprice. — Non, je l'aime toujours; mais la réflexion a épuré mon amour. — Soyez mon frère, lui ai-je dit, je vous aimerai sans remords.

« Il m'a donné de très-bonnes raisons pour ne pas accepter, mais j'ai été inflexible. — Je ne lui pardonnerai pas d'avoir usurpé, à la faveur de la solitude et de l'ennui, les bénéfices d'un amour dont il ne pouvait raisonnablement être l'objet. — J'ai contre lui la colère d'un homme qui s'apercevrait que son cocher conduit des bourgeois à l'heure et à la course dans sa calèche.

« Le soir, j'ai parlé à Férouillat du ciel, des nuages, des séraphins, de l'âme, de la poésie ; — d'un amour saint et pur, si longtemps, qu'il en est tombé raide endormi sur un fauteuil. — Quand il s'est réveillé, j'ai recommencé inexorablement, il a fini par s'en aller en me disant : «Bonsoir! madame,» avec l'inflexion qu'il doit mettre sur son navire aux jurons destinés à effrayer ses matelots.

« En voilà pour cinq jours ; — je désire, pour lui, que d'ici à cinq jours M. de Sorbières soit revenu.

« Noémi. »

*Bérénice Breschet à M. René de Sorbières,
à Paris.*

« Monsieur, — cette dame qui vient tous les jours au jardin avec sa petite *demoiselle,* me charge de vous demander pour elle la permission de mettre sur le gazon, attachée à un piquet, une chèvre blanche qu'elle a achetée à Alain ; — je lui ai dit que si la chèvre était attachée, elle ne pourrait pas faire de mal, et qu'alors la permission était toute donnée, — mais elle s'obstine à dire qu'elle n'amènera pas sa chèvre sans votre consentement. Je vous fais, monsieur, écrire cette lettre par le maître d'école, — car vous savez que je n'ai pas le bienfait de l'écriture — le maître d'école vous présente ses respects ainsi que les miens.

BÉRÉNICE, veuve BRESCHET.

René de Sorbières, à madame N. d'Apreville.

« Vous me croyez donc, madame, un propriétaire, bien récemment, bien subitement et bien violemment entré dans la propriété, que vous me jugez si jaloux de mes droits et de mon herbe ?—il n'y a dans cette affaire que vos scrupules qui pourraient me fâcher. Mettez votre chèvre dans mon jardin ;— si vous l'attachez, vous sauverez les rosiers, les œillets, les violettes, qui sont à vous comme le reste. —Au lieu d'une chèvre, ayez-en dix, ayez-en vingt, et soyez la bergère de ce capricieux troupeau, — c'est moi qui vous remercierai.

— Si les chèvres mangent les fleurs, il n'y aura plus de fleurs, et ce sera vous qui en souffrirez ; — moi, je vous regarderai, et je ne penserai pas à autre chose.

« Vous faut-il aussi une permission spéciale pour cueillir des bouquets? Alors, veuillez m'envoyer directement l'ordre de vous envoyer des permissions, — rue Taranne, 18.

« R. DE SORBIÈRES. »

Madame Noëmi d'Apreville à M. René de Sorbières.

« Non, monsieur, je ne m'établirai pas

bergère dans votre enclos. Je n'aime ni la figure ni le costume des vraies bergères, et je pense que vous ne les aimeriez pas non plus ; — pour ce qui est des bergères d'Urfé et de Vatteau, — en jupe de soie rose et corset de soie verte, — il faudrait changer le décor préalablement, — vos arbres devraient devenir bleus et le ciel qui les couvre lilas ; — puis après, oseriez-vous venir dans cette bergerie avec votre costume à la mode d'aujourd'hui ? — Êtes-vous décidé à ne rentrer chez vous qu'avec une veste gorge de pigeon, des rubans flottants et des talons rouges ? Sérieusement, vous avez une manière de donner des permissions assez adroite, si elle veut rendre les usurpatrices discrètes et timorées. — Vous me dites :

Détruisez, brisez, gâtez tout, comme quelqu'un qui a désespéré de son jardin du jour où j'y ai mis les pieds.

Je veux bien accepter la permission de me promener quelquefois dans le jardin d'un voisin de campagne, que cela ne dérange en rien, mais je n'accepte pas les fleurs, si ce n'est une de temps en temps que vous me donneriez vous-même quand vous me rencontreriez par hasard chez vous. — Je n'accepte pas le droit de gâter et de détruire. — Je n'ai à donner qu'un grand merci en retour de ce que j'ai accepté, — et ce ne serait pas assez pour ce que vous m'offrez.

« De plus, j'ai accepté cette permission de

la part d'un homme animé pour la chasse d'une passion trop ardente pour ne pas être un peu malheureuse, — d'un de ces mortels qui ont mis leur cœur sous la protection de la chaste Diane, ennemie des amours.

« Je ne pourrais l'accepter de la part d'un homme du monde, qui se croirait obligé d'être poli et galant.

« A propos, voulez-vous des nouvelles de votre jardin ? — il est plein de roses et de chants d'oiseaux, — le soleil se couche splendidement tous les soirs en face de la tonnelle envermillonnée, et les châtaigniers se dessinent en silhouettes noires sur la teinte orangée qu'il laisse à l'horizon; — les roses sentent bon, les oiseaux sont joyeux — absolument comme si le maître du jardin n'était pas absent — Dieu ou le diable savent jusques à quand ; — cette ingratitude des arbres, des fleurs et des oiseaux, me paraît si laide que je m'efforce de vous regretter un peu, ne fût-ce que pour vous voir chasser de méchants enfants qui viennent de l'autre côté de la haie essayer de prendre des oiseaux dans des rets.

« N. D'Apreville. »

René de Sorbières à madame d'Apreville.

« Je vous remercie bien, madame, de la bonté avec laquelle vous me donnez des nouvelles de mon heureux jardin. — Pendant que je lisais votre courte et charmante description, j'ai à vous demander pardon de n'avoir pu voir absolument que vous regardant tout cela. Vous seule pouviez me donner des nouvelles des roses et du soleil, deux choses trop communes pour que mes autres correspondants daignent y faire attention ; — c'était tout ce qui me manquait de renseignements — car j'ai d'ordinaire une police très-bien faite. Voulez-vous que je vous en donne une seule petite preuve ? — Mais, si vous êtes curieuse, ce serait bien long d'attendre une réponse à votre réponse ; si vous ne me permettez pas de vous donner l'exemple en question de l'exactitude de mes renseignements, ne lisez pas plus loin, — brûlez cette lettre tout de suite, comme vous la brûlerez naturellement après l'avoir finie, si vous me permettez de continuer.

« Si vous avez regardé le coucher du soleil, mardi dernier, vous ne l'avez pas regardé seule ; vous aurez pu communiquer vos poétiques impressions et ne m'en envoyer que la seconde édition.

« Agréez, etc.,

« R. DE SORBIÈRES. »

Madame Noëmi d'Apreville à M. René de Sorbières.

« Vous êtes bien informé, monsieur, mais,

si vous l'étiez mieux, vous sauriez que cela ne valait pas la peine de vous être rapporté, — ni surtout d'être dit par vous avec cet air solennel d'un homme qui a surpris un secret. — Hélas! je le voudrais, que ce fût un secret, je ne me serais pas tant ennuyée ce jour-là. — Si nous devenons jamais de vieux amis, je vous dirai qui était avec moi, et vous rirez comme moi des idées qui paraissent vous être venues à ce sujet. Ce bon M. Férouillat serait tout fier, s'il savait qu'on le prend pour un loup, lui qui n'ambitionne que le rôle de chien fidèle et un peu hargneux.

« Je ne donnerai plus de nouvelles à un

homme qui laisse ici une police aussi vigilante. — Vous savez sans doute que le temps est affreux depuis deux jours, — que le soleil se couche derrière un vilain rideau gris, — et que ma fille me répète, pour m'empêcher d'aller à votre jardin où j'ai pris un bouquet de roses et un gros rhume, tout ce que je lui ai dit de choses ennuyeuses sur les dangers de l'humidité, du froid, etc. — J'avais espéré qu'elle attendrait, comme j'ai fait, à avoir des enfants pour leur rendre l'ennui des sermons que les parents font subir ; — si j'avais pu penser qu'elle me répéterait les miens à moi-même, il est probable que j'en aurais été un peu plus avare.

« Cependant, monsieur, malgré le mauvais temps qu'il fait ici, cela vaut encore mieux que la grande ville, et, pour vous prouver que je n'ai aucun ressentiment contre les pauvres indiscrétions de votre police, je forme pour vous le souhait que vos affaires ne vous y retiennent pas trop longtemps.

« N. D'APREVILLE. »

René de Sorbières à Augustin Sanajou.

Août.

« Comme elle avait persévéré à ne pas me demander dans ses lettres : « Quand revenez-vous ? » je m'étais opiniâtré, de mon côté, à ne pas répondre à ses questions indiscrètes. J'étais chez moi à l'attendre elle-même, lorsqu'elle attendait, sans doute, une lettre de Paris. Je l'attendis inutilement tout le jour. Puis vint l'heure où le soleil disparaît derrière les châtaigniers. Il y avait de gros nuages noirs avec de larges franges de feu rouge. Au-dessus, sur un ciel d'un bleu pâle et limpide, glissaient de petits flocons de nuées roses. Au-dessus, et plus loin du soleil, des nuées roses, des nuées lilas, puis, le reflet du soleil ne parvenant pas plus haut, des nuages gris vaporeux et comme mousseux qui n'étaient pas autrement colorés. De loin, on entendait le coassement de quelques grenouilles, qui auraient troublé seules par intervalle le silence du bois, s'il ne fût venu par bouffées une vieille chanson que chantait en pressant ses bœufs, pour terminer son sillon avant la nuit, un laboureur sur la côte derrière laquelle descendait le soleil, ainsi que derrière les châtaigniers. Le laboureur, la charrue et les grands bœufs, formaient sur le ciel rougi une silhouette noire nettement découpée.

« J'entendis derrière moi un léger bruit de pas ; je me retournai et aperçus madame d'Apreville, qui ne témoigna sa surprise de me trouver là que par un sourire presque affectueux qui illumina son charmant visage. Elle me tendit la main, puis ne fit aucune allusion à mon absence. Elle était seule. — Esther est un peu malade, me dit-elle, mais j'ai voulu cependant, ne pas manquer

7

de voir coucher le soleil : je n'y manque presque jamais.

« Le lendemain elle vint à la tonnelle avec sa fille et resta fort longtemps, — puis le jour d'après je ne la vis pas du tout. Je fus un peu inquiet ; la veille, pendant qu'elle était sous la tonnelle, quelques promeneurs ou chasseurs avaient jeté sur nous, en passant, un regard curieux.

« Aussi, quand elle est venue hier — je lui ai dit : Les deux jours qui viennent l'un de s'écouler, l'autre de se traîner, m'ont suggéré des réflexions différentes que j'ai décidé de vous soumettre. — Pourquoi n'êtes-vous pas venue hier ?

« Elle releva la tête avec fierté.

« — Je ne vous demande pas de réponse; — je vais la faire moi-même. Peut-être aviez-vous quelqu'un chez vous, et avez-vous dirigé votre promenade d'un autre côté ? — Ne vous fâchez pas, vous verrez que la conclusion sera parfaitement respectueuse de ma part et commode pour vous.

« — Eh bien ! dit-elle en souriant, c'est vrai, j'avais chez moi un ami de mon mari, et j'ai dirigé ma promenade du soir d'un autre côté — le soleil s'est couché assez maussade, il m'a semblé qu'il n'était beau que quand on le voyait d'ici.

« — Vous n'êtes pas venue ici parce que vous avez craint mon indiscrétion : il peut arriver que vous vous trouviez avec des personnes auxquelles vous n'ayez pas l'intention de dire quelles connaissances vous avez faites ; — il peut arriver que vous craigniez des interprétations sottement malveillantes ; il se peut aussi que, venant seule ici, vous ne soyez pas disposée à causer, qu'il vous plaise d'assister seule à la fin du jour, ou d'y promener des rêveries dont il vous serait pénible d'être réveillée ; — il se peut que vous ne veniez qu'avec l'intention de promener votre jolie Esther, et que ma présence perpétuelle vous fasse quelquefois hésiter. — J'ai compris que, dans mon propre intérêt, je devais me montrer plus discret que je ne l'ai été jusqu'ici, car j'aime mieux ne vous voir que de loin, que de ne pas vous voir — j'aime mieux, sans vous voir, vous savoir là, sous cette tonnelle, que de ne pas savoir où vous êtes.

« Mais, d'autre part, si je suis trop discret, je serai à moi-même un cruel ennemi — je veux être assez discret, mais pas trop. Si je dois mesurer moi-même ma discrétion, c'est-à-dire juger quand ma présence ne vous sera pas désagréable, je serai nécessairement victime de la modestie qu'on doit faire semblant d'avoir. Ce serait pour moi une perte très-affligeante que celle de quelques instants où j'aurais évité de m'approcher de vous, et pendant lesquels vous m'auriez supporté sans ennui. — Eh bien ! pour que vous soyez sûre que je serai assez discret, il faut que vous ayez l'indulgence de m'empêcher de l'être trop. — Dans cette position, je veux vous proposer un traité : je ne vous aborderai pas — je ne vous saluerai pas — je ne manifesterai pas que je vous vois, que vous ne m'ayez fait comprendre par un signe quelconque que vous me le permettez. — En un mot, comme vous, madame, vous ne pouvez pas douter du plaisir que j'aurai d'être auprès de vous, — c'est vous qui désormais ferez toutes les avances.

« A ces mots, elle a un peu froncé le sourcil — le plus charmant sourcil du monde ; — puis elle a réfléchi un instant et m'a dit d'un air très-sérieux :

« — Vous avez raison, cela vaut beaucoup mieux ; — vous avez raison, même, c'est indispensable.

« Comme elle partait : — Je vous dis adieu, madame, car, d'après notre traité, auquel je serai parfaitement fidèle, il ne dépend plus de moi de jamais vous parler.

« Elle me tendit la main et me dit : — Au revoir!

« Ma promesse faite, j'avisai aux moyens de la tenir sans que cela me coûtât trop. — Dans une autre partie du jardin, à l'opposé de la tonnelle, est cette sorte de petite chaumière où tu te cachais pour assassiner des becs-figues, — et qui sert l'hiver à abriter les outils de jardinage et à mettre à couvert du froid quelques héliotropes frileux, quelques jasmins et quelques geraniums délicats.

« Je passai un peu de la nuit seul et toute la matinée avec des ouvriers à me faire de cette cahute une sorte de cabinet de travail où je puisse me réfugier. — De là, je pourrai la voir sans être vu. — De plus, quand les jours vont diminuer, quand il va faire un peu plus froid — je lui abandonnerai cette cabane et me refugierai dans la maison — c'est une transition préparée pour qu'elle puisse, quand viendra l'hiver, entrer dans la maison ; — de la tonnelle à la maison le passage serait trop brusque. Je ne sais si elle a voulu essayer et mettre à l'épreuve ma soumission à notre traité, mais le jour même, c'est-à-dire il y a quelques heures, elle est venue sous la tonnelle avec sa fille et une sorte de servante ; — elle m'a salué de loin d'un air réservé — j'ai rendu respectueusement le salut, et je n'ai plus regardé de son côté — je suis entré dans la cabane, puis j'en suis ressorti et suis allé dans le bois avec mon fusil sans même retourner la tête. Je pense qu'elle a dû s'approcher de la cahute après mon départ et regarder ce que c'était — je l'avais laissée ouverte pour favoriser cette curiosité, et aussi pour que cela tînt au moins autant que la tonnelle de la maison — je ne suis rentré qu'à la nuit. — T'avouerai-je que je suis allé sous la tonnelle où je l'avais vue et que je suis resté très-tard : Ensuite, je n'avais pas sommeil — et je t'ai écrit ; — maintenant je suis fatigué et je te dis bonsoir. Voici le jour — et les oiseaux qui chantent.

« R. DE S. »

René de Sorbières à Augustin Sanajou.

« C'était au milieu du jour ; — comme j'étais dans la cahute, elle envoya Esther m'appeler. — J'arrivai auprès d'elle avec empressement.

« — Me pardonnez-vous de vous déranger ? dit-elle.

« Je répondis par un sourire qui devait exprimer suffisamment que je lui pardonnais.

« —Nous voudrions, continua-t-elle, planter des pervenches dans notre petit jardin, et nous voulons vous demander la permission d'en arracher quelques touffes.

« — Je vous en choisirai moi-même que je vous enverrai demain matin.

« — J'avais un peu peur de la pluie, me dit-elle en me montrant des vapeurs sombres qui montaient à l'horizon.

« Je répondis de l'air et du ton le plus indifférent que je pus prendre :

« — Si par hasard vous vous trouviez surprises par la pluie, il y a là une cahute où l'on serre les outils de jardinage où vous trouveriez un abri.

« Elle me regarda fixement et d'un air interrogatif.

« — A moins, continuai-je, — ce qui vaudrait mieux, — que vous me fissiez l'honneur de frapper à la maison et de vous y mettre à couvert.

« J'agissais en ce moment comme ce député qui, voulant obtenir un bureau de tabac pour sa vieille servante, demandait en même temps la pairie pour lui-même, — afin qu'on lui accordât la première chose pour adoucir le refus de la seconde.

« L'offre hardie de la maison rendit toute simple et toute modeste l'offre de la cahute sur laquelle on se replia. — Elle s'inclina légèrement sans répondre. — Tenez, dis-je, voici où *on* met la clef. — Par ce *on*, je voulais faire comprendre que c'était un endroit banal appartenant à la vieille Bérénice et au jardinier autant qu'à moi. — Puis, je la saluai et partis, laissant la cahute ouverte, — car je voyais l'orage monter.

« Je m'enfonçai sous les arbres. — Bientôt de larges gouttes d'eau tombèrent avec bruit sur les feuilles. — Puis les éclairs sillonnèrent le ciel, puis le tonnerre gronda au loin. — Je reçus toute la pluie avec une joie profonde. — Evidemment elle avait dû profiter de l'hospitalité de la cahute ; — elle y était entrée une fois, — c'était tout. — Les jours plus courts qui allaient venir, la fraîcheur des soirées, ne l'empêcheraient pas de venir à mon jardin comme je l'avais redouté.

« Bientôt — un vent léger chassa la nuée, le bruit du tonnerre s'éloigna,—le ciel reparut bleu et limpide, le soleil changea en diamants étincelants les gouttes de pluie restées sur les feuilles — et il ne resta de l'orage qu'une douce senteur exhalée du feuillage des chênes et des fraisiers sauvages. Je rentrai chez moi, — il n'y avait personne, mais la cabane était fermée et la clef était accrochée à la place que j'avais indiquée.

« Le lendemain matin, je lui envoyai quelques touffes de pervenche — et une bécasse que j'avais tuée auprès de l'étang.

« Vers deux heures, j'ai trouvé dans la cahute un livre et une tapisserie dans un petit panier ; — elle est venue, elle reviendra ; — veut-elle que je le sache ? — veut-elle seulement ne pas porter le panier ? Comme je méditais sur ce problème, elle arrive avec sa fille ; elles sont allées se promener dans le bois. — Elle entre dans la cahute et s'assied. — Mais l'enfant a faim et veut s'en aller. — Elle tâche d'apaiser l'inexorable bamboche ; elle lui dit de lui cueillir un bouquet. — Elle me remercie des pervenches. Pour ce qui est de la bécasse, c'est une vengeance, ou du moins une réhabilitation ; elle se rappelle qu'elle m'a une fois accusé de passion malheureuse pour la chasse. — C'est par fatuité que je lui envoie du gibier. — Du reste, elle a fait en moi une excellente connaissance. — Non seulement je lui donne un abri et des fleurs ; il ne manquait plus que de nourrir elle et sa famille. — L'enfant revient avec un bouquet ; elle la renvoie en lui disant : « Cherche encore un peu de réséda. » — J'offre à manger à l'enfant ; il doit y avoir à la maison quelque chose. — « Oh ! non, dit la mère, elle n'accepterait pas autre chose que son dîner.—Elle ne tombera pas dans le piége des *à peu près* et des *atermoiements*. Non seulement il faut partir, mais encore elle va bien me gronder. »

« En sortant de la cahute, je lui montrai le ciel chargé de nuages. — Adieu, madame, lui dis-je — je crains bien que le mauvais temps me prive tantôt et demain du bonheur de vous voir. — Elle me répondit : — Adieu, monsieur, jusqu'au premier rayon de soleil.

« Elle avait encore le lendemain sa fille avec elle — je la trouvai dans la cahute — elle me dit : — Ma fille veut absolument aller voir l'étang dont elle vous a entendu parler. — Je résiste, non pas que j'espère obtenir qu'elle renonce à l'ordre qu'elle m'a intimé, mais parce que je résiste assise, et que je me repose un peu en attendant que je cède.

« Elle se leva et me dit : — Venez-vous

avec nous? vous nous empêcherez de nous perdre, ce sera bien assez pour moi de faire le chemin.

« Le sentier pour descendre de mon jardin à la forêt est un peu glissant : je lui offris mon bras — elle cessait de s'y appuyer chaque fois que le chemin devenait plus facile, et elle marchait seule.

« Je lui ai demandé un livre qui l'embarrassait pour relever sa robe dans la grande herbe ; — un peu plus tard, elle m'a donné d'elle-même à porter un bouquet de digitales sauvages que sa fille avait cueillies. Nous avons fait le tour de l'étang ; on voyait au milieu les larges feuilles et les belles fleurs blanches du nénuphar, le lis des étangs. Elle les admira longtemps, puis elle donna le signal du départ. Je les laissai partir et s'engager dans le bois. J'attendis quelques instants, puis je me déshabillai, me jetai à l'eau et allai cueillir trois ou quatre fleurs de nénuphar ; puis je me rhabillai et ne tardai pas à les rejoindre, mon bouquet à la main. Elle fut surprise et toute joyeuse.

« — Je n'oserai plus rien admirer devant vous, me dit-elle ; si j'admirais une étoile, je vois bien que vous iriez me la chercher, et je sais que vous la rapporteriez, mais ce serait un voyage trop long.

« — A propos de voyage, lui dis-je, mes

maudites affaires me rappellent à Paris.

« — Vous avez souvent des affaires! dit-elle avec une petite moue de dédain.

« — Non, repris-je, ce sont toujours les mêmes, — c'est que l'autre fois elles m'ont ennuyé — je voulais revenir ici ; je me suis enfui sans rien dire et les ai laissées là.

« Un peu après je lui demandai son nom. — Elle me répondit avec un peu de surprise et de hauteur : — On m'appelle madame d'Apreville !

« Puis elle ajouta après un moment de silence, et avec un peu moins de sécheresse : — Je m'appelle Noëmi — je vous dispense de dire que c'est un très-joli nom, je ne l'aime pas ; je le trouve prétentieux — mais qu'est-ce que cela vous fait ?

« — Et pourquoi cela vous fâche-t-il, madame ? vous savez bien que je ne vous appellerai jamais Noëmi ni tout haut ni en votre présence. — Elle ne répondit plus, et me quitta avec un peu de raideur.

« Tu vois que je n'oublie pas mes affaires, comme tu me le reproches ; je partirai vendredi.

« René. »

René de Sorbières à Augustin Sanajou.

Septembre.

« C'était à une heure où elle ne vient pas d'ordinaire — j'étais assis dans la cahute et je lisais, lorsqu'on frappa à la porte ; — elle était seule, elle me dit : — J'ai bien froid, voulez-vous de moi ?

« En effet le temps était gris et triste — j'ouvris la porte avec empressement ; j'étais un peu ému.

« Elle me dit : — Esther a voulu aller visiter une de ses petites amies, mais c'était trop loin pour moi — je l'ai envoyée avec sa bonne — alors je me suis ennuyée et je suis venue ici malgré le vilain temps.

« Je ne savais que lui dire ; comme elle avait froid, j'avais fermé la cabane. — Il y avait plus d'amour que de réserve dans les pensées qui roulaient dans ma tête. — Rien de ce que je pensais ne pouvait se dire — ou du moins n'osait se montrer au dehors — je cherchais dans ce que je ne pensais pas un sujet de conversation, et je ne le trouvais pas.

« Elle me dit : — Vous allez partir ; quand reviendrez-vous ?

« — Enfin ! m'écriai-je presque involontment.

« Elle me regarda d'un air d'étonnement.

« — Qu'a de singulier cette question ? demanda-t-elle.

« — Rien, sinon que vous ne l'ayez pas faite plus tôt.

« — Eh bien ! est-ce une raison pour que vous ne me répondiez pas ?

« — Puisque cette question vous coûte

tant à faire, je vais vous dire de quoi vous en dispenser à l'avenir : chaque fois que je m'absenterai d'ici, vous pouvez être sûre de deux choses : la première, c'est que je m'en vais malgré moi ; — la seconde, c'est que je reviendrai le plus tôt possible..... au plus tard.

« Nous commençâmes à *déballer*. Je lui parlai de mon enfance, de mon isolement actuel.

« Elle me parla de son mari. — On l'a mariée fort jeune à un homme qui, relativement, ne l'était pas. — M. Hercule d'Apreville aime passionnément sa femme ; — elle n'a pu être insensible à un dévouement de tous les instants. — Elle n'avait pas de fortune, lui en avait acquis une petite suffisante pour vivre à la campagne ; — mais elle a manifesté le désir de vivre à Paris, et il a repris la mer qu'il avait abandonnée depuis son mariage, afin d'augmenter suffisamment son capital.

« — Maintenant, dit-elle, comment lui dirai-je que j'aime mieux rester à la campagne.

« Je la regardai — mais, ou elle a un art infini pour déguiser et laisser en même temps entrevoir sa pensée — ou cela n'avait rien de ce qu'un amoureux aurait voulu y voir ;

— le ton de la voix témoignait une profonde indifférence, et, comme si ce n'eût pas été assez, elle ajouta : — Ce pays est beau, on découvre tous les jours de nouveaux charmes à la nature, et je crois le séjour de la campagne meilleur pour Esther. — Par un contraste bizarre, — si elle avait dit d'un ton froid qui en détruisait la valeur le commencement de sa phrase, qui pouvait me donner de si douces espérances, elle mit sur ces dernières paroles si froides une si douce musique, que je crus entendre : — Je t'aime !

« Puis elle revint sur la tendre estime et la profonde reconnaissance qu'elle éprouve pour son mari. — Elle me fit une énumération de vertus et de qualités dont aucune n'est nécessaire pour l'amour, puis elle ne dit plus rien.

« Je restais également silencieux.

« On frappa à la porte — j'ouvris et je vis paraître un homme ; — madame d'Apreville se leva — devint rouge — lui tendit la main, et lui dit : — Eh quoi ! c'est vous — puis, se tournant de mon côté : — Je vous présente M. Anthime Férouillat — et au personnage : — M. René de Sorbières. — Nous nous inclinâmes tous deux — moi d'un air froid, lui d'un air grognon.

« — Quel plaisir de vous voir aujourd'hui, mon ami ! dit-elle, et quelle charmante surprise ! — vous m'aviez écrit que vous ne feriez pas ce voyage... Et comment m'avez-vous trouvée ici — où Monsieur a bien voulu me donner un peu d'hospitalité contre le froid !

« — Vous trouvez qu'il fait froid ? — dit sèchement M. Anthime Férouillat en essuyant son front rouge et trempé de sueur.

« Evidemment M. Férouillat était de mauvaise humeur ; — évidemment Madame d'Apreville lui prodiguait les airs de chatte caressante et haineuse pour éviter qu'il me laissât voir une mauvaise humeur, qu'elle jugeait avec raison plus compromettante encore que ses prévenances exagérées à elle ; évidemment le quidam n'était pas dupe de cette petite rouerie. Mais madame d'Apreville continuait à le traiter avec un ton d'amitié tel — qu'il y aurait eu en effet de quoi détourner les soupçons qu'on aurait pu concevoir — sur un sentiment qui se manifeste moins volontiers en dehors.

« — J'espère, dit-elle, que vous venez dîner avec moi.

« — Oui, si cela ne vous dérange pas.

« — Mille remerciements, monsieur, me

dit-elle, de votre gracieuse hospitalité.

« Les mots et le ton voulaient dire à M. Férouillat : — Je vois ce monsieur pour la première fois.

« Il me salua avec mauvaise humeur — et se mit en route.

« — Donnez-moi donc votre bras — mon ami — lui dit-elle ; — elle me fit un salut gracieux — passa son bras dans celui de M. Anthime Férouillat — et je les vis disparaître tous les deux.

« Je restai atterré, écrasé, furieux.

« Evidemment cet homme est son amant. Mais en même temps elle avait la conscience qu'elle le trahissait. — Deux révélations à la fois : elle l'a aimé, elle m'aime.

« Et moi je la hais.

« RENÉ »

Augustin Sanajou à René de Sorbières.

« Ah çà ! mon beau don Juan, te voilà sérieusement amoureux !

« AUGUSTIN SANAJOU. »

René de Sorbières à Augustin Sanajou.

« Parbleu !

R. DE SORBIÈRES.

Noëmi d'Apreville à Julie Quesnel.

» Où en étais-je restée la dernière fois que je t'ai écrit, — ma bonne Julie ? — Ma foi ! si je laisse des lacunes, tu pourras bien suppléer ce que j'aurai oublié. — D'ailleurs, autant, quand un amour est mort, on aime à reporter son esprit en arrière et à rappeler les moindres circonstances, autant, quand il s'agit d'un amour naissant, on se soucie peu d'hier et on s'occupe de demain.

« Je suis triste aujourd'hui, — et voici pourquoi : j'avais jusqu'ici été fort protégée par le hasard contre les visites d'Anthime Férouillat. A l'un de ses voyages, il avait plu tout le jour, et nous n'avions pas mis les pieds dehors, — ce qui ne m'avait pas empêchée de renvoyer ledit Anthime à dix heures du soir. — A un second voyage et à un troisième, M. de Sorbières était à Paris, et j'avais trouvé doux d'aller rudoyer Anthime là précisément où je sentais le mieux l'absence de son rival, — c'est-à-dire de le mener promener à la tonnelle. Je ne sais comment M. de Sorbières l'apprit, mais il m'écrivit de Paris que j'avais été voir coucher le soleil avec un homme.

« Il est à peu près impossible de ne pas tromper les hommes ; ils ne nous demandent pas autre chose que d'être trompés. Ils ont dans la tête un type de femme bizarre qui ne ressemble en rien à une vraie femme, et auquel il faut s'arranger pour ressembler, sous peine de ne pas obtenir leur précieuse approbation. — Il n'y a pas de religion qui soit aussi hardie dans les miracles qu'elle offre à la crédulité de ses adeptes que le culte que ces messieurs veulent bien nous rendre. Une religion sans miracles et sans croyances contraires à la nature et à la morale ordinaire des choses n'aurait aucune chance de s'établir. — Les femmes qui sont les plus hardies à feindre d'être semblables à la figure mythologique qu'il plaît aux hommes de donner à la femme de leurs rêves sont celles qui ont le plus de succès. Il ne faut reculer, sous ce rapport, devant aucune absurdité. Ainsi un homme qui fait à une femme l'honneur de s'occuper d'elle oublie à l'instant même tout ce qu'il sait le mieux à l'égard des femmes en général.

« Cette femme eût-elle trente ans et quatre enfants, — il lui fera des questions insidieuses pour savoir si vraiment elle n'aurait pas gardé jusqu'au hasard de sa rencontre avec lui une précieuse virginité et une complète innocence ; — laissez tomber par hasard la date de la naissance d'un enfant ou toute autre circonstance qui établisse la preuve que vous êtes la mère de cet enfant, — il sera de mauvaise humeur, triste, comme si vous lui enleviez une illusion ; — il vous détestera un moment de n'avoir pas fait quelque gros mensonge dont il avait faim. — Dites-lui, si vous voulez, que votre mari vous a toujours traitée en sœur, que de vos quatre enfants, l'un était à lui dès avant le mariage, et que vous l'avez généreusement adopté, — que le second a été trouvé dans votre escalier, et que vous en avez pris soin pour ne pas rejeter un devoir que vous imposait la Providence ; — dites que vous avez fait semblant d'être enceinte du troisième pour des raisons que vous ne pouvez encore lui dire, — et pour le quatrième, ne reculez pas, si vous voulez, devant le conte que l'on fait aux enfants, que vous l'avez trouvé dans le jardin, sous un chou, — il vous répondra par des paroles d'incrédulité. — Mais dites-lui alors que ce n'est pas vrai, — que vous êtes en effet la mère de vos enfants et que votre mari en est le père, — vous le verrez désespéré, furieux, — il allait vous croire, — vous pourrez alors sans inconvénient nier la vérité à son tour et revenir à la feuille de chou.

« C'est ce qui fait qu'il est facile à une femme de se faire adorer, — mais presque impossible de se faire aimer. Les hommes nous hissent dans des niches dont ils ne nous laissent pas descendre, — alors l'idole, au moindre mouvement, tombe et se brise. — Ils donnent des plaisirs à notre vanité, mais rarement du bonheur à notre cœur. — Le rôle qu'ils nous imposent est facile à jouer, — tant qu'il y a entre eux et nous la rampe — et derrière nous les coulisses où nous pouvons nous habiller et nous reposer; — la perspective nous sauve. — D'ailleurs nous n'avons pas de choix; — une actrice qui ne mettrait ni blanc ni rouge au milieu de toutes les autres qui s'en enluminent, eût-elle le teint le plus frais et le plus pur, — paraîtrait une taupe pâle. Une femme naturelle au milieu de la comédie que jouent les autres, ferait à messieurs les hommes l'effet d'une effrontée drôlesse.

« Mais, une fois qu'ils ont obtenu *leurs entrées* sur le théâtre et dans les coulisses,

— naturellement l'illusion cesse, ils ne nous aiment plus parce que nous ne pouvons plus les tromper. Certes, si j'avais répondu la vérité à M. de Sorbières quand il m'écrivit que j'avais été voir coucher le soleil avec un homme ; si je lui avais dit comment j'avais été là immoler le Férouillat, — ce sacrifice à la divinité absente aurait eu de quoi le flatter, — s'il m'avait considérée comme une femme de vingt-cinq ans, mariée à un homme de cinquante qui voyage, comme une femme qui nécessairement, ne sachant pas qu'elle rencontrait M. de Sorbières, devait avoir un amant ; — mais non, il a mieux aimé se contenter de ceci : « Vous rirez bien, si plus tard je vous dis ce que c'était que l'homme qui était avec moi. » Il n'en a pas demandé davantage. — Je vais dans une heure mettre sa crédulité à une épreuve qui ne m'inquiète en rien. Il me fallait expliquer Anthime Férouillat, — et voici comment :

« L'autre jour, Anthime m'avait écrit qu'il ne ferait pas le prochain voyage, qu'une affaire le retiendrait et qu'il laisserait le commandement du navire à son second.

« J'avais profité de ma liberté, et j'étais allée jaser avec M. de Sorbières ; — nous étions à une des phases les plus charmantes de l'amour ; on voit un homme vous dire avec ses regards qu'il vous adore, et en même temps trembler devant votre courroux présumé, et chercher pour en parler les choses les plus insignifiantes ; — mais ces choses sont modifiées par le timbre de sa voix altérée et plus basse que de coutume, et vibrant sympathiquement par l'accent involontairement tendre et poignant.

« Il semble un acteur qui vous chanterait la fable du *Loup et de l'Agneau* — sur l'air le plus tendre et le plus ardent de la *Favorite* — « Son amour m'est rendu. » On ne tarde guère à ne plus entendre les paroles, et il s'élève dans le cœur une musique céleste — une voix qui s'accorde avec l'autre pour produire une divine harmonie.

« C'est ce moment qu'a choisi, pour frapper à la porte de la cabane et pour produire sa figure, — Anthime Férouillat, — absolument comme une fausse note de la clarinette dans un orchestre, — ce que les musiciens appellent un *couac*.

« J'ai présenté M. Anthime Férouillat à M. René de Sorbières, et M. René de Sorbières à M. Anthime Férouillat. — Cette présentation a paru leur faire à tous deux un égal plaisir, — seulement, Anthime était furieux et tout près d'être grossier, — René était douloureusement étonné. — Ma position n'était pas facile : — obligée de jouer à la fois deux rôles différents pour deux publics mal disposés, — je m'en suis tirée de mon mieux. — Je voulais empêcher Férouillat de faire un éclat, et en même temps ne pas laisser prendre l'inconvenance de son arrivée pour un acte d'amant jaloux. — Je ne pouvais donc pas m'en fâcher devant M. René. — Il fallait le traiter en bonhomme bourru et mal élevé, — que l'on aime cependant beaucoup à cause de quelques qualités estimables ; — le recevoir mal aurait été avouer la position réelle ; — le recevoir à moitié bien n'aurait pas été plus habile. J'ai manifesté de son arrivée une très-grande joie ; je l'ai traité avec cette familiarité que les femmes accordent aux hommes qu'elles appellent « sans conséquence. » Une fois que je n'ai plus eu qu'un public, je me suis vengée sur Férouillat.

« D'abord j'ai écrit à René : — Rapportez-moi ce soir à onze heures le livre que j'ai laissé chez vous. — Anthime a dîné avec moi, puis il voulait me faire nier René. — Cet homme vous fait la cour, me disait-il, — et il accumulait toutes sortes de preuves qui auraient fait honneur à sa clairvoyance, s'il avait su qu'il voyait clair, — preuves parfaitement irréfutables, si j'avais voulu les réfuter au lieu de lui en laisser le soin à lui-même. — Oui, lui dis-je, M. de Sorbières me fait la cour, — ajoutez que je l'aime et qu'il est mon amant.

« — Mais c'est impossible ! reprit alors Férouillat, — vous, Noëmi, vous !

« Pourquoi impossible ? vous venez d'en donner des preuves irréfutables.

« — Seulement vous comprenez que je ne puis avoir deux amants, — et qu'il ne vous reste qu'à m'oublier.

« — Non, s'écria-t-il en fureur, — je ne vous oublierai pas, je le tuerai, et je vous tuerai aussi, ou j'écrirai ce qui se passe à Hercule.

« — Très-bien, vous n'oublierez pas non plus de commencer par le commencement, — ou plutôt, je m'en charge, je lui dirai ce que son ami a fait du dépôt confié à son honneur.

« — Voyons, Noëmi, parlons sérieusement ; voyez votre imprudence à l'égard de ce godelureau, — voyez comme les apparences vous accusent !

« — Qu'appelez-vous des apparences ? — M. de Sorbières m'aime, et je l'aime aussi.

« Alors Férouillat plaida parfaitement en faveur de mon innocence, et il me prouva à moi-même qu'il n'y avait aucun mal réel dans ce que j'avais fait, mais des « inconséquences. » Les hommes ont eu la bonté d'adopter ce barbarisme inventé par les femmes.

« Puis graduellement il en est venu à me

demander pardon de ses soupçons injustes et injurieux.

« Mais c'est ici que se placerait, si je pouvais te le raconter, ce qui me rend mortellement triste. — Je ne voulais pardonner à Anthime que s'il retournait immédiatement à son bord. — Lui ne voulait s'en aller que si je lui pardonnais, — mais il voulait de mon pardon des preuves que je ne voulais pas, que je ne pouvais pas lui donner. — L'heure s'avançait. Neuf heures, — neuf heures et demie. — Férouillat s'était assis avec cette attitude de souche opiniâtre que je sais inexorable. — Il ne serait pas parti, — et

René allait venir.... On frappe doucement à la porte. — C'est René.

« Noémi. »

Noëmi d'Apreville à Julie Quesnel.

« La vérité est que je n'avais pas oublié de livre chez René, — mais il m'en rapportait un néanmoins ; il le posa sur une table — et me regarda d'un air mélancolique et en réalité fort touchant : — Asseyez-vous, monsieur, lui dis-je, — je vous dois une explication, et c'est pour vous la donner que je contreviens ce soir à une promesse que j'ai faite à mon cher et excellent mari — et à laquelle rien ne m'aurait fait manquer sans l'acte sauvage de son ami.

« Je vous ai dit, monsieur, combien la conduite de mon mari a été admirable à mon égard ; — j'éprouve pour lui des sentiments où il entre de la reconnaissance et une tendresse peut-être filiale et fraternelle, — mais, quelle que soit la composition de ce sentiment, je dois, je veux n'en pas admettre d'autre dans mon cœur ; — d'ailleurs, si parfois j'ai soupçonné que ce n'était pas tout à fait de l'amour, et qu'il y a autre chose dans le monde, je n'en suis pas tout à fait sûre, et je veux continuer mon incertitude à cet égard.

« Je vous ai rencontré, vous êtes obligeant, — vous avez de l'esprit; nos âges et nos caractères se rapprochent, — le plaisir que j'avais à vous rencontrer était tellement pur, que je ne m'en suis pas défiée, — je l'aurais écrit à mon mari par la première occasion que j'aurais trouvée. — Cet excellent Anthime Férouillat...

« — N'est-ce pas, me dit-il, ce malotru personnage qui tantôt...

« — Monsieur, dis-je avec dignité, — vous voudrez bien parler avec plus d'égard de qui que ce soit qui sera chez moi à titre d'ami de mon mari.

« — Qui que ce soit — me dit-il — veut dire M. Anthime Férouillat?

« — Pour le moment, monsieur.

« — Très-bien, nous l'appellerons donc « qui que ce soit » aussi bien je ne m'habituerais jamais à ce nom de Férouillat.

Je me mordis les lèvres pour ne pas rire, — mais je continuai :

« — Cet excellent Anthime Férouillat ; — mais il faut que je vous dise qui il est. — Anthime Férouillat a été longtemps au service maritime avec mon mari, c'est son compagnon d'armes et son ami. — Je suis confiée à sa garde, monsieur ; il a été chargé par M. Hercule d'Apreville — de me protéger contre tout et contre tous, et au besoin contre moi-même ; — il joue, en un mot, le rôle de chien de berger, mais, à l'exemple de ce fidèle animal, il mord quelquefois la brebis qui s'écarte du chemin ; — c'est ce qui est arrivé tantôt. — Sa probité, à l'égard du dépôt qui lui a été confié, a plus de sollicitude que n'en aurait la jalousie, dans laquelle il entre toujours de l'amour qui la tempère. — M. Férouillat ne m'aime pas et est cependant craintif, défiant et hargneux. — Je l'ai entendu dire qu'il se brûlerait la cervelle, s'il ne pouvait dire à son ami à son retour : « Voici ta femme comme tu me l'as laissée, » de la façon dont un dépositaire rend une somme ! — Voici vos mille francs, dans le même sac, lié avec le même cordon ; — vous pouvez reconnaître le nœud que vous avez fait vous-même.

« Eh bien ! M. Anthime est plus féroce dans ses craintes que ne le serait un homme qui serait jaloux pour lui-même.

« — Oui, dit-il, qui que ce soit est comme un huissier, toujours plus féroce que le créancier qu'il représente.

« Le ton de M. de Sorbières me déplaisait. — Il était arrivé abattu ; mais, depuis que je me justifiais, il devenait ironique et incrédule. — Je crus devoir le replacer dans une situation plus humble :

« — M. Férouillat m'a éclairée : — les relations que j'ai laissées s'établir entre vous et moi ne sont pas aussi innocentes que je le croyais ; du moins elles prêteraient au soupçon et à la médisance. — Je vous ai fait venir pour vous déclarer que je suis décidée à les faire cesser entièrement. Nous ne nous verrons plus.

« M. René n'avait plus envie de plaisanter.

« Après un moment d'accablement, il reprit, ou du moins montra de la dignité, mêlée d'un peu d'ironie :

« — Qui que ce soit a raison, madame ; je vous aime.

« — J'ai donc raison aussi de ne plus vouloir vous voir.

« — Oui, si vous ne m'aimez pas.

« — Je ne vous aime pas.

« — Dites-le moi encore une fois, que je l'entende dans mon cœur.

« Et il ferma les yeux, comme un fanatique de musique qui ne veut pas être distrait.

« — Je ne vous aime pas, monsieur.

« — Ce n'est pas du tout cela, dit-il en rouvrant les yeux ; vous avez par moment une voix douce, fluide, pénétrante, qui descend par les oreilles dans le fond du cœur ; et celle avec laquelle vous me parlez en ce moment est sèche et ne passe pas les oreilles. Votre voix pénétrante, sereine et bleue comme votre regard, la voix de Noëmi, me dit dans le cœur que vous m'aimerez, et l'autre, la voix impérieuse et sans couleur de madame d'Apreville, ne la contredit qu'aux oreilles. Il faut que votre voix aille

dire que vous ne m'aimez pas là où les échos
de l'autre disent que vous m'aimerez.

« Je souris et lui dis d'une voix plus
calme.

« — Je ne vous aime pas, monsieur.

« — Ah ! très-bien, j'entends à présent ;
vous ne m'aimez pas. — Eh bien ! moi, je ne
crois pas à l'amour sans espoir. — Mon amour
va mourir tué par cette parole. — Je le sens
qui est mort.

« Je frissonnai. M. de Sorbières allait plus
vite et plus loin en ce sens que je n'avais eu
l'intention de le conduire. — Lui-même avait

alors une voix doucement et cruellement pénétrante avec laquelle il eût été bien charmant d'entendre dire : — Je vous aime.

« — Il est mort, dit-il, c'est dommage, — c'était un noble et poétique amour. — Et il me fit de cet amour mort une oraison, un éloge funèbre si touchant, il me le rendit si regrettable, que j'en fus touchée et cessai de jouer.

« — Pardonnez, madame, si je vous parle de ce pauvre amour mort, — c'est la première et la dernière fois.

— Ah ! dis-je presque malgré moi, — vous

en parlez bien, monsieur. Je ne pouvais l'aimer, mais je puis bien le regretter une fois, et comme il recommençait — je me mis à pleurer. — Ce qui me faisait pleurer, c'était la nécessité de repousser encore cet amour, ou du moins de ne lui donner, dans cette soirée, qu'un rôle sacrifié ; c'était surtout l'impossibilité où m'avait mise l'opiniâtreté de cet odieux Férouillat de répondre à René : — Je vous aime aussi. Mais il fallait lui faire prendre le change sur la cause de mes larmes.

« — Je pleure de honte, dis-je, d'avoir, par un moment de folie, écouté avec une apparence de plaisir ce discours qui devrait m'offenser.

« Je dus prendre beaucoup sur moi pour ajouter : — J'ai peut-être manqué à mes devoirs d'épouse en vous écoutant jusqu'au bout, monsieur ; — n'espérez pas voir deux fois cette faiblesse. — Je puis avoir pour vous, monsieur, une sincère amitié, mais à la condition que cet amour dont vous venez de faire l'oraison funèbre est parfaitement enterré, — j'ai peur des revenants et je ne les aime pas. — Bonsoir, monsieur.

« Avec moins de rigueur et de sécheresse, il m'aurait répondu, il aurait insisté, et je lui aurais dit : — Je vous aime. Il fallait le piquer, pour qu'il ne m'attaquât plus du côté que je sentais faible ; c'est ce qui eut lieu. — Il se leva sans parler, me salua et s'en alla, me laissant très triste, très accablée, ne me consolant que par la pensée que, grâce à Férouillat, il me fallait ce soir là être dure, sèche et malheureuse, ou immonde et infâme ; et rendant grâce à Dieu, cependant, de ce que je n'avais été que dure et sèche, — et de ce que je n'étais que malheureuse. Il était trois heures du matin quand René est sorti.

« Noémi. »

Noëmi d'Apreville à Julie Quesnel.

« Ah ! ma chère enfant ! j'ai voulu jouer avec l'amour... ça brûle, ça brûle jusque dans la moëlle des os.

« J'aime René de toutes les forces à la fois et de toutes les faiblesses de mon âme. Je l'aime tellement, et cet amour m'élève si haut l'esprit et le cœur, que, lorsque je le vois à mes pieds, c'est de bonne foi que je le repousse, — c'est de bonne foi que je lui offre une simple amitié. Mais c'est que je souffre horriblement, à penser que la seule preuve d'amour convaincante, irréfrégable que je puisse lui donner, je l'ai donnée déjà à un homme vulgaire et que je ne puis faire pour l'homme que j'adore avec tant de raison, que ce que j'ai fait pour Férouillat parce qu'il était là et que je m'ennuyais.

« J'aime René et je le repousse, — et je lui dis : — Je ne vous aime pas, et je le repousserai tant que je pourrai ! Oh ! que je le hais ce Férouillat ! Le moindre mal que je rêve pour lui c'est une mort prompte et violente.

« Cette chambre où il n'est entré qu'une fois est restée pleine de lui. — Comme elle est embaumée des fleurs qu'il m'a laissées en partant ! — car il est parti.

« Mais les femmes n'attachent pas assez de prix à elles-mêmes, — elles ne pensent pas assez à se garder pour l'homme qu'elles aimeront. — Elles se donnent parce qu'on les aime d'une façon qui leur plaît, et quand vient le moment où elles aiment elles-mêmes, elles n'ont plus rien à donner que les restes et les os d'un festin où se sont assis des indifférents.

« Que faire, que devenir ? — Quand j'aurai dit à René : je vous aime, ce mot déchirera et brûlera le voile qui couvre mon cœur et mes pensées ; — je ne pourrai plus lui cacher la vérité sur Férouillat, je serai trop à René pour soutenir un mensonge. — Acceptera-t-il comme une expiation suffisante mon désespoir de ne pas l'avoir attendu ? — Si je lui dis que j'aimais Férouillat, — il se demandera à quoi sert d'être beau, spirituel, noble, — puisqu'on pouvait avoir cette femme au prix qu'y pouvait mettre le Férouillat — puisqu'elle a aimé Férouillat.

« Si je lui dis que je ne l'aime pas, — il me méprisera encore davantage. — Les hommes attachent à notre possession un prix que nous ne comprenons bien que lorsque nous aimons. — Il ne comprendra pas qu'on cède aux désirs qu'on inspire — parce qu'on croit que l'amour consiste uniquement à être aimée, et que l'on choisit non pas l'homme qu'on aime, mais celui qui vous aime de la façon qui nous plaît le plus. — C'est une sorte de tradition alors qui nous guide pour le reste. Sait-on mauvais gré aux sauvages de danser au son d'un tambour quand ils ne connaissent pas d'autre musique ! — Savais-je que j'aimerais ?

« Non, il faudra que je persévère dans mon mensonge, — et cela gâte et empoisonne mon amour. — Et, d'ailleurs, comment faire ? Férouillat, si je le repousse tout à fait, s'exaspérera, — fera des sorties qui diront clairement ce que je veux cacher, et je perdrai même le bénéfice de la sincérité.

« — Si je ne le repousse pas — me partagerai-je entre lui et René ? — Oh ! non, jamais ! — et d'ailleurs encore, — comment dirai-je à René de ne pas me voir tous les cinq jours. Tant que je me préserve et me défends avec des phrases sur ma fidélité, — que je devrais à mon pauvre Hercule, je puis faire passer Férouillat pour un gardien vigilant ; — les heures auxquelles la prolongation de ces visites donneraient un sens cruellement clair, n'appartiennent pas à René et ne gênent pas nos relations actuelles.

« Ah ! oui, — c'est de bonne foi, — c'est

du meilleur de mon cœur que je voudrais le voir se contenter non pas d'une amitié qu'il refuse, — mais d'un amour si pur, si noble, si complet, que je sens dans mon cœur, — en laissant de côté, en dédaignant ce qui a été profané par Férouillat. — Je suis tout heureuse que René soit à Paris. — De loin je puis, j'ose l'aimer — je puis ainsi doubler cet amour de cruautés et d'avanies pour le détestable et le détesté Férouillat. Le bruit de ses ridicules gémissements n'ira pas jusqu'à mon bien-aimé et ne le réveillera pas du rêve. — Hélas! où il me voit belle, honnête et pure, comme je meurs de chagrin de ne pas être.

« Ah! Julie! — toi qui n'as pas encore

aimé, garde-toi, conserve-toi pour l'homme que tu aimeras. — Si tu savais comme alors on devient précieuse à soi-même, — comme on se sent riche et conséquemment avare de tout ce qu'il aime en nous ! de quel or suprême on croit ses cheveux quand on a senti les regards de son amant s'arrêter voluptueusement sur eux ! quelle valeur on attache soi-même au contact de cette main sur laquelle on l'a vu cueillir un plaisir dont il a frissonné en y posant ses lèvres ! — Alors on sait qu'on a des regards dans lesquels on verse au cœur d'un autre une céleste ambroisie ; alors on devient ménagère de ses regards, on ne veut s'en servir que pour lui, — on ne voudrait parler que pour lui, parce qu'on sait qu'on a dans la voix une céleste musique qui lui fait frissonner le cœur. Oh! heureuse la femme qui s'est gardée! mais rien ne nous avertit de nos richesses ; — nous éparpillons, nous dépensons les diamants, les rubis et les émeraudes, comme du billon et des sous de cuivre, — et nous n'en savons la valeur que lorsque nous avons jeté les derniers, ou lorsque ceux qui nous restent ont perdu leur titre à cause de la prodigalité qui les a rendus vulgaires.

« Aujourd'hui je ne sens ma richesse passée — que par ma ruine et ma misère. — J'ai jeté aux mendiants des chemins toutes mes splendeurs, toutes mes richesses, tout mon bonheur — et je n'ai plus rien à donner à celui que j'aime ; — je ne savais pas que j'aimerais, — je ne savais pas qu'on aimait, je croyais qu'on était seulement aimée; je ne savais pas que j'avais en dépôt — les richesses et le bonheur de René; — le voilà qui arrive, et j'ai tout dépensé, tout perdu, je n'ai plus rien !

« — Ah ! si j'avais su cela, aurais-je épousé Hercule, — aurai-je... — Ah! que je hais ce Férouillat, — et je suis à lui ! Ah! René est loin, — je puis braver Férouillat ; ce n'est pas de lui que j'ai peur — il dira tout à mon mari s'il le veut mais pourvu que René ne sache rien... ne sache rien. — Il faut donc que je le trompe... Je ne puis même me donner entièrement à lui, lui donner mon cœur et ma pensée comme ma personne sans le perdre !

« Ah ! Julie, je suis bien à plaindre !

« Heureusement René est à Paris, — je voudrais qu'il y restât toujours, je puis à ma fantaisie, et l'aimer et haïr Férouillat. — Je puis prolonger cette situation au-delà de laquelle je ne vois que le désespoir.

« NOÉMI. »

René de Sorbières à Augustin Sanajou.

« J'ai agi en écolier. — Elle ne veut pas de mon amour, elle m'offre son amitié, —

et je refuse. — Je veux l'amour ou rien.

« Je refuse bêtement de prendre avec elle ce petit sentier de l'amitié, sinueux comme un serpent, et sur lequel on marche lentement, cueillant ici une paquerette fatidique pour l'effeuiller, là un wergissmein-nicht pour le dessécher dans son livre de messe, — mais qui, au bout du compte, conduit exactement au même but que la route directe, pavée et carrossable, — qui porte sur un poteau un écriteau avec ces mots : — Route de l'amour.

« Je m'obstine à combattre à l'entrée de cette large route, je veux entrer par la grille ou ne pas entrer du tout, — par le chemin le plus court, — ou m'en retourner, — et je ne pense pas que, si on cédait à mon opiniâtreté, — j'aurais, en comptant le temps du débat, — mis plus de temps à arriver que si je m'étais résolument engagé dans le chemin le plus long, mais dont j'aurais déjà mesuré la moitié, avant le temps où j'aurais eu obtenu de prendre l'autre.

« Je ne sais si les femmes sont de bonne foi quand elles vous proposent de vous donner de l'amitié au lieu de l'amour que vous leur demandez, — ou si c'est un moyen de prolonger la fin d'un empire qu'elles vont abdiquer, — ou encore si c'est un faux fuyant inventé par la vanité d'un vaincu, comme les témoins de celui qui cède en imaginent dans les duels qui s'arrangent.

« Toujours est-il que j'ai autrefois formulé cet aphorisme qui, sous une forme dont Rabelais, Montaigne, Molière n'auraient pas hésité à se servir, — cache un enseignement assez moral — que la bégueulerie moderne particulière aux époques de corruption voudrait déguiser sous quelque périphrase hypocrite.

« L'amitié est un grand chemin sur lequel on détrousse les hommes et on trousse les femmes.

« Cette question de l'amitié, si lestement résolue alors par moi est arrivée après des péripéties que je te conterai après-demain à Paris. — Je ne te dis ce qui précède que parce qu'il faut que je t'écrive en t'envoyant des papiers qui ont besoin d'être remis à mon avoué avant mon arrivée.—Hier j'ai revu madame d'Apreville, elle m'a fait un sourire très-gracieux, — m'a tendu la main et m'a dit : — Bonjour, mon ami. — Il est évident qu'on ne vous appelle pas « mon ami » de cette voix-là quand on ne veut faire de vous qu'un ami.

« Cela m'a rendu furieux de ma sottise : — pourquoi ne pas la laisser me conduire où je veux, par le chemin qu'il lui plaît de choisir ?

« Il m'a fallu continuer mon rôle, tout mauvais qu'il est.

« Je n'ai pas répondu.

« Elle menait sa fille, qui va faire sa première communion, à la prière du soir, à l'église. — Elle dit : Je suis fatiguée, et elle prit mon bras. — On entendait la cloche, nous marchions lentement; elle s'appuyait sur moi avec confiance; — à la porte de l'église, elle me dit : — N'est-ce pas que vous êtes mon ami ? — Je la saluai et m'en alla en lui disant adieu.

« Je partirai demain vers neuf heures du matin, et conséquemment sans la revoir.

« RENÉ. »

Noémi d'Apreville à René de Sorbières, à Paris.

« Votre adieu de l'autre soir était si sec, que je n'avais pas deviné que c'était un adieu.

« Aussi ai-je pris, pour une intention de l'adoucir, ce bouquet de magnolias que j'ai trouvé dans votre cabane, — et dont elle était tout embaumée. — Grâce à votre soin de les mettre dans l'eau, dans ce charmant petit vase de Chine dont je me suis également emparée, les fleurs étaient aussi fraîches que si vous me les aviez données vous-même en venant de les cueillir.

« Je devais vous remercier de vos belles fleurs, — et j'allais borner là ma lettre — quand j'entends du bruit en bas, c'est ma servante qui se querelle avec le facteur de la poste — à cause du port de votre lettre. — Quarante sous ! — elle prétend que ce ne doit pas être une lettre, — que ça a l'air d'un paquet, et que ces choses-là se mettent au roulage. — Il faut mon intervention pour qu'on prenne la lettre. — Je vais m'entretenir avec elle — je verrai plus tard si je dois ajouter quelques mots sur ce qui me reste de papier blanc.

« *Dix heures du soir*. — Je suis un peu plus touchée qu'il ne faut de ce carnet entier sur lequel vous m'avez écrit au crayon pendant les quatorze heures de votre voyage. Je devrais me gronder d'en être touchée ; mais j'ai une certaine inclination à rejeter sur d'autres les torts qu'il m'arrive d'avoir. C'est donc à vous que je m'en prends.

« Ecoutez-moi ; vous me parlez une langue qui me bouleverse le cœur : je la comprends, elle me charme, mais il m'est impossible de la parler. Vous me dites que vous m'aimez et que vous êtes triste. Vous dire encore une fois que je ne vous aime pas, ce serait une dureté, et je ne veux pas être dure. Vous dire seulement que je suis triste aussi, ce serait vous donner une espérance, et je n'ai rien à vous faire espérer.

« Je ne m'appartiens plus : que voulez-vous donc que je vous donne ? Je ne suis pas heureuse : laissez-moi être honnête, c'est-à-dire ne pas être désespérée. D'ailleurs, j'aime mon mari. La pensée de sa tendresse, de ses bons procédés, me revient sans cesse. Les femmes qui vivent dans le tourbillon du monde n'ont pas les mêmes raisons qu'une solitaire comme moi — de tenir au net les comptes de leur conscience; elles n'ont guère le temps d'y regarder; mais pensez à la vie que je mène, et vous verrez que je ne suis pas dans les conditions de me permettre des infamies. — Vivant beaucoup avec moi-même, je tiens particulièrement à ne pas faire de ma personne une trop mauvaise compagnie.

« Tenez, sérieusement, si vous étiez-là, je prendrais une de vos fortes mains dans les deux miennes — et de ma voix la plus douce et la plus persuasive, de celle que vous appelez ma voix bleue, je vous dirais : — Je vous en prie, tâchons de devenir amis, puisque nous ne nous sommes pas rencontrés à l'heure où nous aurions pu prendre une autre route, — n'est-ce pas que vous ne voulez pas que nous devenions deux indifférents, deux étrangers ? — C'est ce qui aurait nécessairement lieu cependant, si vous vouliez vous opiniâtrer à chercher l'héroïne de grandes aventures en moi qui n'ai que l'étoffe d'une amie assez gentille et très-bonne femme, — et qui oserait vous aimer beaucoup, si vous ne vouliez pas qu'elle vous aimât plus qu'elle ne le doit ou plutôt autrement qu'elle ne le doit.

« Vous voyez par le commencement de cette lettre que j'ai prévenu vos désirs, — j'ai pris le bouquet et le vase, — je le garderai comme un cher et doux souvenir qui ne me quittera jamais, — à condition que ce sera la date de la naissance de notre amitié, sinon, je le briserai et vous en enverrai les morceaux, — et je ne vous pardonnerai pas le chagrin que cela me donnera.

« Je vous écris, ma fenêtre ouverte, — Il vient du fond de la vallée une délicieuse petite brise, — il me semble que ce sont les fleurs de votre jardin qui m'envoient un peu de leurs parfums de votre part.

« Aidez-moi à changer en intimité douce et facile des relations qui, par votre faute, font mine de nous apporter toutes sortes de chagrins,—sinon la chose sera impossible, si vous n'y travaillez pas avec autant de bonne volonté que moi.

« N... »

René de Sorbières à Noëmi d'Apreville.

« Qu'est-ce donc que cette amitié dont vous faites si grand bruit, madame ?

« L'amitié console, — et votre amitié n'aurait à me consoler que de votre inimitié — je n'ai de chagrin au monde que ce qu'il vous plaît de me donner.

« Si j'allais dire à un ami : — « Je meurs d'amour pour une femme, cette femme, tu peux me la donner ? »

« Croyez-vous que mon ami hésiterait ?

« Me consoler ! Vous ressemblez à ce chirurgien peu satis[...] sa clientèle, qui, le soir, embusqué près de sa maison, enveloppé d'un manteau, donnait des coups de couteaux aux passants, et allait vite attendre chez lui qu'on les lui apportât à panser.

« Au lieu de me consoler de mes chagrins, — faites-les cesser,

« Donnez-moi la femme que j'aime.

« Ou bien, vous n'avez pas pour moi d'amitié.

« L'amitié que vous me proposez est un marché frauduleux, par lequel vous prenez ce qui vous plaît en moi, sans me donner en échange ce qui me plaît en vous.

« Vous n'avez pas d'amitié pour moi, — puisque vous reculeriez devant l'épreuve du plus simple devoir de l'amitié.

« René. »

Noëmi d'Apreville à René de Sorbières.

« Mes trois magnolias, dont l'un seulement commence à jaunir et à se rouiller par les bords de ses pétales, me regardent si doucement et en même temps avec tant d'entêtement, qu'il me semble que c'est vous qui êtes-là à me regarder, — et je me sens oppressée sous ce regard. Qu'êtes-vous donc? Quelle étrange et fatale influence exercez-vous sur ma pauvre organisation? — Je ne vous aime pas, — et je souffre de votre amour, — je souffre peut-être de ne pouvoir vous aimer, — mais je ne puis vous aimer.
—N'achevez pas de me rendre impossible

ma solitude. — Si vous étiez là, ce serait à mon tour d'être à vos genoux pour vous demander grâce, et vous verriez bien que c'est une âme en détresse qui vous prie.

« Croyez-vous que je ne l'ai pas fait comme vous, ce rêve éblouissant, — qui met dans une triste nuit tout le reste? — Mais ce rêve est un remords douloureux, un doux poison répandu sur ma vie. Parce que nous ne pouvons être amants, est-ce à dire que nous devons être étrangers, indifférents, ennemis? Essayez un peu de mon amitié, — vous la verrez si tendre, si dévouée, si exclusive! — vous n'en pouvez juger tant qu'elle a peur, — tant qu'elle marche d'un pas hésitant sur un terrain où elle vous voit creuser des trappes et tendre des piéges.

Savez-vous à quoi j'ai passé mon temps aujourd'hui — à me quereller avec Esther qui, sous prétexte que je ne l'ai pas condamnée à l'infirmité qu'on apprend aux enfants de ne se servir que d'une main, ce qui équivaut selon moi, à l'habitude qu'on leur donnerait de ne marcher qu'à cloche-pied, — veut faire le signe de la croix indifféremment de la main droite ou de la main gauche, — et me demande des raisons ; — si vous en savez, dites-les moi — pour ne pas me laisser battre sur ce terrain par cette petite.

« Nous sommes allées ensuite à votre cabane ; — j'ai admiré un des plus beaux couchers de soleil que j'aie vus, — mais l'inexorable Esther m'a rappelée à l'ordre quand l'heure du dîner est arrivée. — Cette petite fille m'élève bien sévèrement.

« Puis, ce soir, je vous griffonne ces deux pages, — que je ne vais pas relire, dans la crainte d'avoir trop envie de les brûler, car je me trompe fort, ou elles contiennent un peu plus de contradictions qu'on n'en fait tenir ordinairement dans deux pages ; — choisissez dans ce fouillis ce qui pourra vous donner une bonne impression.

« NOEMI. »

Noëmi d'Apreville à René de Sorbières.

Il fait ce matin un temps étrange, il pare notre village d'une toilette nouvelle qui ne lui sied pas mal ; — l'air est blanc et épais, et le soleil, dont le disque est rouge, glisse et insinue au travers des rayons un peu incertains ; les oiseaux, qui s'y connaissent, pensent que le soleil va dissiper ces brumes d'automne, car ils chantent comme lorsqu'ils saluent la naissance d'une belle journée. — Oh! les ingrats oiseaux qui chantent ainsi quand le maître est absent ! — Oh! les ingrates fleurs, les marguerites, les roses d'Inde — que j'aimerais mieux appeler les roses d'or, elles s'épanouissent éclatantes, comme s'il n'y avait pas d'absent là-bas, comme s'il n'y avait personne de malheureux ici !

« De quelles splendeurs la nature se pare en cette saison ! — Il y a des jours où la vue de ces belles choses que nous aimons tant tous les deux — me calme et me fait trouver qu'il fait encore bon vivre après tout ; — mais malheureusement il m'arrive d'autres jours de m'en irriter contre moi et contre vous, qui jetez dans mon esprit tant de trouble, dans mon cœur tant d'anxiétés et tant d'émotions qu'il m'est défendu d'accueillir ; par moment je me sens céder un peu à vos mauvaises raisons, — alors je m'enferme, tournant le dos à la fenêtre ; il me semble que cette calme et belle nature ne veut pas qu'une telle indigne la regarde — et je me mets à pleurer de tout mon cœur.

« Nous sommes bien malheureux tous les deux, n'est-ce pas ? Quelques années plus tôt, si nous nous étions rencontrés, nous aurions fait un bonheur sans égal avec tout ce qui nous sert à composer cette profonde misère à laquelle je ne vois pas de fin — puisque vous ne voulez pas m'aider à me tromper en appelant amitié un sentiment que je repousserai tant que vous n'y aurez pas fait certains retranchements indispensables. Pour occuper mon temps pendant votre absence, j'ai retiré Esther de l'école ; je lui apprends une foule de choses que je ne sais pas. Comme j'étais d'une santé délicate, mon père m'avait donné un petit cheval et la permission de courir dessus loin de l'école. C'est comme cela que je n'ai rien appris de ce qu'il faut que j'enseigne aujourd'hui, mais je crains qu'Esther ne s'aperçoive de mon ignorance; l'indulgence n'est pas son fort, — et je vais me mettre en campagne pour trouver un génie démonstratif qui vienne ici me remplacer. — Vous voyez bien que, malgré mes interminables jérémiades, je suis encore un peu gentille pour quelqu'un qui met une telle persistance à m'aimer. Il est midi, le soleil a triomphé de la brume. Esther m'intime l'ordre de la conduire à la cabane; vous savez bien que je pense à vous là encore plus que partout.

« Vous m'avez donné une part de votre jardin, une part de vos fleurs, une part de votre soleil — et moi que vous ai-je donné en échange, — à vous qui ne voulez pas de mon amitié ? — Ne m'en veuillez pas, la plus belle fille du monde ne peut donner que ce qu'elle a — et moi je n'ai que du chagrin ; ce n'est pas ma faute si vous voulez absolument en prendre votre part et ne prendre que cela.

« Adieu ! — écrivez-moi, — ne me dites pas que vous êtes amoureux, — à quoi cela sert-il ? Croyez-vous que je n'y pense pas ? Cela n'est pas généreux, vous avez l'air d'un homme qui parlerait obstinément de son parc et de ses bois à quelqu'un qui n'aurait qu'un pot de giroflée sur sa fenêtre.

« Noemi. »

René de Sorbières à Noëmi d'Apreville.

« Je ne vois pas le grand malheur qu'il y aurait pour la giroflée à descendre de sa fenêtre dans le parc, — à y trouver de bonne terre et de bon soleil.

« Ce n'est que par orgueil qu'elle veut rester dans la terre maigre et aride de sa prison de faïence, — et c'est un orgueil bien mal fondé que celui qui pousse une giroflée à languir et à s'étioler.

« Pour la propriétaire de la giroflée, c'est être bien avare que de ne pas accepter la société dans laquelle l'un apporte le parc et l'autre son pot de fleurs. — Le premier promettant beaucoup de reconnaissance en forme d'appoint, — c'est abuser étrangement de la passion du propriétaire de parc qui n'a pas de giroflée.

« Il ne faut pas être si fière parce qu'on ne vit pas, parce qu'on n'a qu'un cœur froid et des sensations émoussées. — C'est peut-être très-heureux d'être mort, mais ce n'est pas une raison pour être si dure et si dédaigneuse pour ceux qui ont l'infériorité d'être encore vivants.

« RENÉ. »

Noëmi d'Apreville à René de Sorbières.

« Gardez votre parc, — je garderai ma giroflée. — Votre invitation à la planter dans votre beau jardin de vie et d'amour est un piége — pour deux raisons :

« 1° Les giroflées ne sont jamais si belles, si riantes, que dans les fentes des murailles, — vivant plus dans l'air que sur la terre, et buvant la rosée ;

2° Nous connaissons les horticulteurs et ce dont ils sont capables, — vous auriez bien vite changé ma pauvre et chère giroflée en quelque autre chose. — Vous en feriez une fleur double ; — je veux qu'elle reste simple. — Dieu sait quelle couleur vous lui imposeriez en place de cette belle couleur d'or qui lui a été donnée ainsi que sa forme et sa situation sur les hautes murailles, pour se détacher comme une étoile sur le ciel bleu.

« C'est une mauvaise action de parler si légèrement des morts — c'en est une bien plus mauvaise encore d'essayer de les faire revenir à la vie dont ils se sont échappés. — Les vrais morts ne souffrent plus — moi je suis très-malheureuse — très-malade, et j'ai pour me consoler cette lettre ironique et dédaigneuse.

« Vous êtes fâché contre moi — mais ce n'est pas, il me semble, une raison suffisante pour avoir emporté d'ici le soleil et le bleu du ciel ; — il fait un temps affreux — un temps à donner le spleen aux pinsons. — Si le vent dure encore une journée, vous ne trouverez plus de feuilles aux arbres, et ce sera dommage, celles des vignes vierges sont du rouge des rubis — celles des cerisiers, oranger, comme des topazes.

« Avez-vous du chèvrefeuille à Paris? — Non, — en voici un brin que j'ai cueilli hier chez vous. — Quand j'aurai soixante ans, alors que vous accepterez les honnêtes délices de la sainte amitié, nous rirons de ces romanesqueries ; — je veux que vous ayez à recevoir cette fleur avec autant de plaisir que j'en ai eu à vous l'envoyer ; — à la distance où nous sommes, je n'ai pas peur de vous ; je ne sais si la route fatigue l'amour, mais il arrive ici tout pareil à l'amitié.

« Si vous ne me parliez pas opiniâtrement d'amour, je vous dirais ici : « Je vous aime » — mais vous seriez capable de donner à ces mots un sens que je ne veux pas qu'ils aient. — Je ne veux pas que mon amitié arrive là-bas changée comme votre amour. — Quand on voyage en poste, lorsque deux postillons se croisent et se rencontrent à moitié route, ils échangent leurs chevaux ; chacun prend la voiture de l'autre et retourne ainsi à son point de départ. — Je crains que nos deux messagers n'imitent un peu les postillons en question, — ce qui nous induirait tous deux en erreur — en nous inspirant, à moi une confiance et une sécurité dangereuse, — à vous des espérances qui nous feraient beaucoup de mal à tous les deux.

« Adieu. Je vous *serre la main avec mon cœur*. — Cette mauvaise phrase est prétentieuse et révoltante ; mais, ma foi, tant pis ! je ne recule devant aucun moyen pour vous prouver que j'ai un cœur, — vous en avez douté.

« Quel malheur que cette manie de ne pouvoir rencontrer une femme sans lui parler d'amour ! — Si vous saviez comme cela me gêne avec vous ! — Que de bonnes choses j'aurais à vous dire que je tiens soigneusement renfermées !

« Il faut y renoncer tout à fait. — Êtes-vous musicien, pour comprendre ma comparaison ? — Si nous ne pouvons nous mettre et vivre dans le même ton, au lieu d'une même harmonie, nous ne ferons jamais que tintamarre et charivari.

« C'est plus doux, plus tendre, plus enivrant, je l'avoue, de chanter en *mineur;* mais que voulez-vous ! je suis *majeur* jusque dans les os. — Je ne changerai pas, c'est à vous à vous mettre d'accord.

« Adieu encore une fois. — Je me défie des grands parcs où l'on peut faire de mauvaises rencontres ; mais je ne vous défends pas d'aimer un peu les giroflées. — Ne les arrachez plus, ne les volez pas, — voilà tout ce qu'on vous demande.

« Noemi. »

Noëmi d'Apreville à René de Sorbières.

« J'ai des chagrins à moi, et puis j'ai les vôtres dont il faut bien que je prenne ma part : — c'est plus qu'il n'en faut pour être fort triste.

« Quand vous êtes loin, je vais très-régulièrement à votre cabane regarder la forêt et le soleil couchant; — il me semble que je dois regarder et aimer ces belles choses pour nous deux. — Hier je trouvai les fenêtres de la maison ouvertes, comme si vous y étiez ; je n'ai compris que c'est un soin de Bérénice, pour aérer votre appartement, qu'en recevant ce matin votre lettre qui m'apprend que vous passerez encore quinze jours là-bas.

« J'espère que vous êtes à Paris très-ennuyé, très-triste — si je vous y croyais heureux, il ne m'en faudrait pas davantage pour me faire vous détester complétement. — Je m'ennuie de vous.

« NOEMI. »

René de Sorbières à Noëmi d'Apreville.

« Quand vous recevrez cette lettre, je serai en route, et le même jour, à dix heures du soir, je serai à votre porte.

« RENÉ. »

René de Sorbières à Augustin Sanajou.

« Je pleure de rage. — Cette femme est une coquine, cette ...... Il faut que je me remette pour te raconter... tout à l'heure.

« .... Hier, je suis arrivé à neuf heures et

demie chez moi; — mais quel a été mon étonnement en retrouvant dans ma valise la lettre que j'avais écrite à madame d'Apreville pour lui annoncer mon arrivée, et que j'avais chargé ton Benoît de mettre hier à la poste. — Je ne sais si c'est lui — si c'est moi — mais l'étourderie était faite. — Contrarié un moment, je pensai ensuite avec plaisir que je la surprendrais plus agréablement et davantage en apparaissant à son désir de me voir, comme le *Percinet* des contes de fées, chaque fois que *Gracieuse* pense à lui. — Je me dirigeai donc vers sa demeure.

— Comme j'allais faire le tour du jardin pour gagner la porte principale, je m'aperçus que la petite porte était entr'ouverte. — Il était dix heures et demie, — cette circonstance m'inquiétait, — elle attendait quelqu'un..., et à coup sûr elle ne m'attendait pas, puisque j'avais ma lettre dans ma poche; — je poussai la porte et j'entrai dans le jardin, après avoir refermé la porte sans bruit ; puis j'allai vers la maison ; — le petit salon était éclairé et plein de fleurs, — il avait un air de fête qui me fit froid au cœur ; — elle n'y était pas ; — je sortis et la vis qui se promenait dans le jardin, — en regardant du côté de la porte d'entrée, — qu'elle ouvrit en ayant soin de ne pas faire de bruit, et qu'elle referma après avoir jeté les yeux sur le chemin. — Sa servante dormait, — elle était seule, — elle attendait... — cette chambre parée et parfumée attendait aussi. — Alors apparurent à mes yeux toutes les fantasmagories qu'a si vite fait d'évoquer un esprit en proie à la jalousie. — Je rentrai dans le salon, il y avait du papier sur ma petite table, — et je me mis à écrire : « Il est onze heures moins un quart à votre pendule, j'écris ces mots dans votre salon, — je m'en vais pour ne pas vous déranger. »

« Je me levai pour m'en aller sans bruit, — je la vis debout et pâle à la porte du salon, — elle me regardait écrire.

« — Enfin, — me dit-elle d'un air serein, calme et heureux, — j'ai cru un moment que vous n'arriveriez pas.

« Et elle me tendit la main. — Au lieu de

baiser cette main, je la pris sans la serrer, je m'inclinai avec un air de politesse froide, je touchai la lettre par laquelle je lui avais annoncé mon arrivée pour m'assurer qu'elle était bien dans ma poche.

« — Ces paroles, répondis-je, veulent-elles dire que vous m'attendiez?

« — Mais elles me paraissent assez claires. — Qu'avez-vous? — Regardez ces fleurs, voyez, tout ne vous dit-il pas ici que je vous attendais?

« — Il est vrai que je vous avais annoncé mon arrivée par une lettre.

« — Je ne l'ai pas reçue.

« — Je le crois, elle est dans ma poche. — Comment alors m'attendiez-vous ?

« — Je vous attendais si bien, que, si vous n'étiez pas arrivé, je ne vous aurais peut-être jamais revu de ma vie. Comment ! une femme que vous prétendez aimer plus passionnément qu'elle ne le veut vous écrit : « Je m'ennuie de vous, » et vous n'arrivez pas auprès d'elle dans le temps strictement nécessaire pour faire la route ? On la ferait rien que par respect humain. — Ma lettre partie, j'ai commencé à compter les heures et à vous attendre.

« — Mais vous étiez pâle...

« — C'est sans doute le froid que j'ai ressenti dans le jardin en regardant sur la route; — en marchant, même en rond, il me semble qu'on va au-devant des gens.

« Je me jetai sur sa main et la couvris de baisers.

« — Maintenant, me dit-elle, — il faut vous en aller.

« — Pourquoi?

« — Parce que ma santé n'est pas assez forte pour me permettre de veiller plus tard,

— et parce que ma confiance dans la bienveillance de ma servante et de mes voisins n'est pas assez robuste pour que je sois certaine qu'ils trouveraient d'eux-mêmes toutes les preuves de l'innocence de nos entrevues à une heure pareille.

« — Tout le monde dort.

« — C'est pour cela que je veux dormir aussi.

« A ce moment j'entendis un coup de sifflet répété trois fois. — C'était évidemment un signal. — Elle frissonna; — je la regardai.

« — Quelle folie ! dit-elle, — n'ai-je pas eu peur ! Voilà ce que c'est que de lire de mauvais livres. — J'oubliais que nous vivons dans une sorte d'Arcadie malhonnête, où le vol se contente de s'exercer sous la forme prudente du commerce. — Je prenais ces coups de sifflet pour un signal de voleurs. — Allez-vous-en bien vite.

« — Mais, dis-je en souriant, si ce sont des voleurs, vous m'exposez à leurs coups.

« — Allons donc ! c'est un signal d'amoureux, — c'est la forme la plus rustique de la sérénade, — c'est loin de la guitare des galants espagnols, — mais ça dit et ça demande la même chose.

« Le même signal fut répété, mais un peu plus fort.

« — Vous voyez bien, dit-elle, que tout le monde ne dort pas. — Sortez vite, il n'est pas encore une heure à laquelle il soit précisément impossible de terminer une visite tardive ; — mais plus tard, si on vous voyait sortir de chez moi, je serais compromise, perdue. — Allez-vous-en.

« — Elle était émue et tremblante.

« — Je vous obéis, lui dis-je, parce que vous avez peur, car sans cela je vous ferais remarquer...

« — Rien du tout... Au nom du ciel, allez-vous-en !

« — Alors je vais repartir pour Paris...

« — Comme vous voudrez, pourvu que vous partiez...

« — Ah ! Madame...

« — Oh ! mon Dieu !... partez... J'irai vous voir demain à une heure à votre cabane... Mais partez.

« Et elle me prit par le bras — sa main toucha la mienne — sa main était froide.

« Je me dirigeais vers la petite porte, — elle m'arrêta. — Non, me dit-elle, pas par là. Et elle me conduisit du côté de la porte principale. — Là elle prêta l'oreille, puis ouvrit la porte très-doucement et me poussa dehors. — A ce moment, les trois coups de sifflet, qui jusque-là avaient été discrets jusqu'à un certain point, déchirèrent l'air, le silence et la nuit, d'un accent aigu et menaçant ; — la porte était déjà refermée sur moi. J'étais stupéfait, étourdi ; il était évident que ce signal avait un sens pour elle, et était pour quelque chose dans sa frayeur et dans mon empressement à me renvoyer. — Je me hâtai de faire le tour du jardin pour courir à la petite porte par laquelle j'étais entré, — car c'était de ce côté qu'était le siffleur. — Malgré la rapidité de ma course, je n'arrivai que pour voir se fermer cette porte ; — je l'avais refermée derrière moi, — il est évident qu'on l'avait rouverte ; — je ne voyais personne, on ne sifflait plus — c'est le siffleur qu'on attendait ; c'est lui qui est entré. — Quelle perfidie ! — quelle hypocrisie ! — Je rôdai autour de la maison comme un loup autour d'une ferme ; j'écoutais, mais il me semblait que le bruit de mon cœur qui sautait dans ma poitrine, m'empêchait d'entendre ; je le comprimais de mes deux mains pour le faire taire ; j'essayai d'aller pousser les deux portes, elles étaient bien fermées ; je voulais rentrer. J'essayai d'escalader le mur, j'y déchirai mes ongles et mes genoux ; je voulus entrer au moins par un bruit, par une peur, par quelque chose qui vînt de moi ; je voulus... déranger ! Je voulais faire entendre à mon tour trois coups de sifflet pareils à ceux qui avaient tant effrayé madame d'Apreville. Mais mon émotion était telle, ma respiration était si haletante, mes lèvres si desséchées, que je ne pus faire sortir aucun son. Alors je fus saisi d'une rage indicible. Je saisis une pierre, puis une autre, puis une troisième, et les jetai à travers les vitres que je voyais par-dessus le mur du jardin. — J'en entendis une se briser en éclats. — Si c'est un homme, si c'est un amant, il va sortir, m'écriai-je, — je vais le voir, — je les tuerai tous les deux.

« Mais il s'ouvrit une autre fenêtre, celle

d'un voisin. — La honte me prit et je m'en allai chez moi, — mais je ne pus tenir en place. — Deux heures après, je rôdais encore autour du jardin de madame d'Apreville. — Puis il me vint une idée. — Je résolus d'entrer. — J'allai encore chez moi prendre une échelle, — mais, comme j'arrivais près de chez elle, j'entendis des pas : — je sentis cette joie profonde qu'éprouve un amant jaloux au moment où... il va voir cette joie poignante, douloureuse, mais en échange de laquelle à ce moment on n'accepterait pas les plus grandes ivresses de l'amour heureux.

« Je déposai mon échelle et je m'avançai dans la direction du bruit des pas ; — je me trouvai en face de deux paysans qui me dirent *bonjour* en m'appelant par mon nom. — D'autres pas succédèrent à ceux-là, — un autre paysan me dit encore *bonjour,* M. René. — Pourquoi bonjour ? Est-ce qu'il va faire jour ? Ces gens se lèvent pour aller à leur ouvrage, il est tout simple qu'ils me disent bonjour. — L'horizon s'éclaire ; — c'est le jour ; — je n'ai que bien juste le temps de remporter mon échelle, — et encore vais-je choisir le chemin pour n'être pas rencontré.

« Je suis rentré chez moi — où je suis depuis deux heures. — Je marche dans ma chambre comme une bête féroce emprisonnée.

« A coup sûr — elle attendait quelqu'un ; — elle a ouvert la porte ; — il est entré... J'ai été faible et lâche ; — il fallait entrer ; — quelle joie d'écraser leurs deux visages l'un contre l'autre !

. . . .

« J'ai essayé de dormir, — j'ai pleuré, j'ai rugi, — je viens de t'écrire, — je suis plus calme ; — je partirai demain sans la revoir, — j'irai à Paris, et je ne reviendrai ici que quand je l'aurai oubliée ; je ne l'attendrai pas à la cabane ; — je ne veux pas la voir ; toutes ses tentatives à ce sujet seront inutiles ; — je ne la reverrai pas ; je ne dois pas, je ne veux pas la revoir, — je m'en irai par une route détournée, pour qu'on ne sache pas dans le pays, pour qu'elle ne sache pas que je vais à Paris; — je ne lirai pas ses lettres — et surtout je ne la reverrai pas, je ne la reverrai jamais ; — je ne veux pas la voir.

« RENÉ. »

Noëmi d'Apreville à René de Sorbières.

« 10 heures du matin.

« Ne m'attendez pas à votre cabane; je n'irai pas, je n'irai plus jamais. Nous ne devons plus nous revoir.

« Adieu !

« N.... »

René de Sorbières à Noëmi d'Apreville.

« Et moi, je veux vous voir ; je veux une explication ; je veux vous convaincre de votre perfidie ; je veux... non, je veux que vous vous excusiez, si c'est possible. Je vous en ai bien trouvé, des excuses, moi... vous en trouverez. Cet homme venait pour votre servante, n'est-ce pas ?

« Vous ne voulez pas me voir parce que vous êtes fâchée de ma colère, de ma violence, de cette vitre que j'ai brisée ; — mais je suis amoureux, je suis jaloux. — Il y avait tant d'apparences ! — Et qui me dit que ce sont des apparences ? — Vous attendiez quelqu'un, et ce signal vous a émue; — vous êtes allée ouvrir la porte; — j'ai vu la porte se refermer; — j'ai essayé de franchir la muraille; — j'ai les ongles arrachés et les genoux sanglants. — Je veux vous voir, — je ne vous ferai pas de reproches, — mais il faut que je vous voie, — soit chez vous, soit à ma cabane. — Je le veux, — je vous en prie, — il le faut.

« René »

Noëmi d'Apreville à Julie Quesnel.

« Ah! ma chère! que je suis malheureuse! et encore... je ne sens pas tout mon malheur. L'étrange combat que je livre en ce moment, et qui prend toutes mes forces, m'ôte, comme à un soldat sur le champ de bataille, la conscience de mes blessures, de mes souffrances et du sang que je perds.

« J'attendais Férouillat et son ennuyeux et périodique amour. J'avais eu soin d'écrire à René une lettre assez tendre. En bonne logique, et en temps ordinaire, cela devait empêcher un amant de venir. Quand un amant se voit très-certainement aimé, quand sa maîtresse mérite le plus son amour, naturellement il aime un peu moins, et ne s'avise pas des grandes scènes de sentiment. A ce point de vue, écrire une lettre suffisamment tendre à René, cela devait suffire pour lui ôter toute idée de quitter

Paris. On a toujours le temps de faire cuire les poules domestiques qui gloussent autour de la maison ; mais on se donne à peine le temps de prendre son fusil et de courir à des perdrix sauvages que l'on a vues se remiser dans les ajoncs. Mon tort a été de traiter un amoureux, que j'aime comme si c'était un amant. Je me suis trompée. René est arrivé dans le temps rigoureusement nécessaire pour franchir la distance. Il était dix heures et demie. J'attendais Férouillat. J'avais laissée ouverte la petite porte qui est derrière le jardin. Je regardais moi-même sur la route, en rentrant dans la maison ; je vis René assis devant ma table, qui m'écrivait. Cet empressement, cette présence, qui auraient dû me combler de joie, me glacèrent le cœur. Je m'occupais de le renvoyer après lui avoir fait croire que je l'attendais. Je prétextais une indisposition. Il allait partir, lorsque Anthime Férouillat, ne trouvant pas ouverte, comme à l'ordinaire, la petite porte que René avait refermée derrière lui, fit entendre un signal usité entre Hercule et lui, trois coups de sifflet. Ce signal ne tarda pas à être répété. Je poussai René dehors et j'allai ouvrir à Férouillat. — Mais M. de Sorbières avait à peu près deviné ce qui se passait. Il avait vu se refermer la porte qu'il avait déjà fermée lui-même. Plein de fureur il lança une pierre qui brisa une vitre. Férouillat s'élança pour sortir; je le retins en lui promettant de lui dire toute la vérité.

Cela me donna le temps de préparer un mensonge. Je lui avouai une partie de mon secret pour cacher sûrement le reste. Je le priai de m'aider à me sauver de l'abîme sur le bord duquel une sotte coquetterie m'avait conduite. J'avouai que M. de Sorbières me faisait la cour; que j'avais accepté un bouquet; je lui désignai un petit vase de Chine dans lequel était ce bouquet. — Férouillat saisit le vase et le brisa par terre.

« Jamais M. de Sorbières n'était entré dans la maison, — il revenait sans doute de chez lui, lorsque moi, impatiente de ne pas voir arriver mon cher Anthime, j'avais ouvert la porte qui donne sur la grande route. — Il m'avait saluée, nous avions échangé quelques paroles ; — il était en train de me supplier de le laisser entrer dans le jardin, lorsqu'au signal d'Anthime j'avais brusquement refermé la porte. — J'avais été un peu coquette, je l'avouais, mais cela ne justifiait pas les emportements de mauvais goût de M. de Sorbières ; — c'était la conduite d'un homme mal élevé. Aussi je prenais la résolution de ne le revoir jamais. — Ce qu'il y avait de vrai dans ma confession donna au reste une vraisemblance suffisante, — et j'achevai d'apaiser Férouillat. — C'est très-cher d'apaiser Férouillat.

« Lui parti, — je pleurai amèrement. René était perdu pour moi. Il n'y avait pas moyen d'expliquer ni de nier. — Nier, il avait vu et entendu. — Expliquer, cela ne s'expliquait que trop de soi-même. Il est évident que je perdais René que j'aime, — qu'il ne reviendrait pas. — Le génie des femmes et des conquérants m'est venu en aide — l'audace. Si j'avais montré à peine mon cœur déchiré — mes yeux rouges de larmes, — mon esprit abattu par la honte ; — il m'aurait repoussée avec mépris ; — le seul moyen de le faire revenir était de le renvoyer, de lui fermer une porte ; c'est ce que j'ai fait par ma lettre. — Il est désespéré, il me fournit un catalogue d'excuses entre lesquelles je n'ai qu'à choisir; il croit d'avance ce que je lui dirai ; — mais, comme il faut que je lui dise à peu près la vérité, j'ai besoin de le désespérer un peu plus ; — les excuses qu'il a trouvées pour moi et qu'il est prêt à accepter ne s'élèvent pas tout-à-fait à la vérité, — il me pardonnerait cette vérité, — mais je veux qu'il craigne, qu'il imagine et qu'il me pardonne davantage, — je veux qu'il m'ait pardonné d'avance plus que je ne compte lui avouer; — qu'il me pardonne avec reconnaissance, avec humilité, avec bonheur. — Ce n'est que demain, après l'échange de plusieurs lettres encore, que je consentirai à le revoir.

« Ah! quelle triste chose, ma chère, que ce combat de ruses et de mensonges, de fourberies, quand on aime! Je serais si heureuse de n'avoir rien à lui cacher.

« Noemi »

Noëmi d'Apreville à René de Sorbières.

« Comment ne comprenez-vous pas vous-même que nous ne devons pas nous revoir ? — D'ailleurs je l'ai promis, — je l'ai promis à un ami qui a été généreux et indulgent.

« Le signal imprévu qui m'a tant troublé hier était une habitude de marins, une façon qu'ont de s'appeler entre eux et de s'annoncer l'un à l'autre mon mari et M. Férouillat. Quand je vous ai renvoyé si vite, j'ai cru que c'était mon mari qui revenait brusquement.

« Je n'étais pas coupable, car je ne vous aime pas, je ne vous aime pas d'amour; — mais j'ai eu peur des apparences, j'ai cru que le ciel allait me punir de la légèreté avec laquelle j'ai laissé nos relations tourner à l'intimité. — Ce n'était que M. Férouillat qui, pour s'introduire chez moi à cette heure inusitée, avait employé ce stratagème, et d'ailleurs a, je crois, voulu me frapper de terreur en me faisant croire ainsi au retour de M. d'Apreville, car il vous savait chez moi.

« Eh bien ! cet homme dont les manières sont rudes et presque grossières s'est montré excellent et plein de cœur; — il a été presque éloquent pour me peindre mes torts. —

« Je vous crois innocente, m'a-t-il dit, car
« vous ne mentez pas d'ordinaire : — mais
« croyez-vous qu'il ne suffirait pas d'un
« soupçon, même injuste, pour troubler
« toute la vie de mon pauvre ami ? » — Et
il m'a retracé cette tendresse si touchante,
si dévouée, de M. d'Apreville. — J'ai voulu
expier mes torts en les confessant à cet
excellent homme. Je lui ai dit ce qui est vrai :
— je n'aurais pas trompé Hercule. — Si j'avais aimé M. de Sorbières, — j'aurais écrit
à M. d'Apreville : « Ne comptez pas sur moi,
« j'ai disposé de mon cœur et de ma per-
« sonne, mais je n'ai pas voulu vous trom-
« per, » et j'aurais quitté sa maison sans
attendre son retour.

« Mais, comme je ne vous aime pas, j'ai pu dire à M. Férouillat : — Mon ami, j'ai de grands torts ; — j'ai été un peu coquette avec M. de Sorbières ; j'ai écouté avec plaisir ces banales paroles d'amour que l'on adresse à toutes les femmes, — mais je suis restée pure et digne de mon mari. — Si vous voulez me perdre, vous le pouvez ; — il ne me pardonnera pas même ce qui s'est passé, mais il en mourra de chagrin. — Je puis m'arrêter sur cette pente où je n'ai fait que les premiers pas ; — je romprai toutes relations avec M. de Sorbières, — je ne recevrai plus de lettres de lui, — je ne lui écrirai pas, — je n'irai plus dans son jardin, et il n'entrera pas ici, et alors... Je n'ai plus rien de vous. — Vos dernières fleurs sont fanées,

— vos lettres sont brûlées, — le petit vase de Chine est en mille pièces ; — écrivez-moi deux lignes, les dernières, pour me dire que vous ne garderez pas de mauvais sentiments contre moi, — que ces lignes ne parlent que du seul sentiment que je vous avais offert, — de l'amitié ; — que je puisse les garder. — Adieu ! monsieur, je serai bien heureuse, si, lorsque je serai une vieille femme, vous acceptez ce sentiment, le seul dont je puisse disposer ; — il pourra alors nous donner des consolations et ne fera de chagrin à personne. — Je ne crois pas manquer à mes promesses en vous disant que je suis triste à en mourir. — Adieu. »

René de Sorbières à Noëmi d'Apreville.

« Tâchez de vous pardonner à vous-même. — Je vous pardonne. »

« R. DE S. »

M. Jean-Alphonse Karr au lecteur.

« Après avoir envoyé cette lettre concise, — René de Sorbières resta d'assez méchante humeur. — Cette femme est par trop incertaine, se disait-il, il faut y renoncer. — Décidément le plus sûr est de ne plus la voir et de partir demain au soir pour Paris. — Il se mit à écrire à Augustin Sanajou. Il est probable qu'il lui communiquait sa résolution, mais, la lettre à moitié faite, il la froissa dans sa main, puis la déchira et en jeta les morceaux.

« Il se fit croire alors qu'il fallait aller retenir lui-même sa place à la voiture au lieu de confier cette facile commission à Bérénice Breschet, et il sortit en se disant : — Pourvu que je ne rencontre pas Noëmi !

« En revenant, il s'arrêta un instant à un carrefour d'où l'on voyait la maison de M. d'Apreville ; il regarda autour de lui et se dit : — Ah ça ! je ne rencontre pas Noëmi !

« Il ajouta : — Tant mieux ! du ton dont on dirait : — C'est triste ! comme s'il eût chanté son *tant mieux* sur l'air : *Tombe de mes aïeux !* de la *Lucie*.

« Alors il aperçut de loin madame d'Apreville qui rentrait chez elle, — il se sentit fort triste en pensant qu'il aurait pu la rencontrer, et que le hasard ne l'avait pas voulu.

« Il resta quelque temps à regarder cette maison où il ne devait plus entrer, — et il retourna lentement chez lui. — Au moment où il entrait dans l'enclos, un paysan lui demanda où était la maison de M. de Sorbières. — La maison, dit-il, la voilà ; monsieur de Sorbières, c'est moi.

« — Alors, cette lettre est pour vous.

« Cette lettre était un billet au crayon sur lequel il y avait : « Chez moi, à neuf heures, — ce soir. »

« Noëmi. »

« René respira avec volupté. — Neuf heures! c'était l'heure à laquelle il avait cru partir pour Paris, — l'heure à laquelle il avait cru s'éloigner pour jamais de madame d'Apreville.

« Dans cette situation, il y a passablement

de siècles entre trois heures de l'après-midi et neuf heures. Quand il fut huit heures et demie, M. de Sorbières se mit en route. — C'était beaucoup plus de temps qu'il n'en fallait pour franchir la distance qui le séparait de madame d'Apreville, mais il prit le plus long ; c'était quelque chose que d'être en route pour aller la voir. — Arrivé à la porte, il tira sa montre et s'approcha d'une lanterne : il était neuf heures moins cinq minutes. — Il songea qu'il ne fallait pas devancer l'heure indiquée pour deux raisons : il pourrait ainsi déjouer quelques mesures de prudence prises par madame d'Apreville ;— il montrerait plus d'empressement qu'il ne convenait de le faire à un amoureux offensé. — Allons ! dit-il, je vais aller me promener pendant un quart-d'heure. — Il se remit en route. — Dieu sait ce qu'il roula de souvenirs dans sa tête ; — il se rappela toute son histoire avec Noëmi depuis leur première rencontre ; — il fit cent projets de bonheur avec elle — cent autres projets de vengeance contre elle. — Il lui sembla alors que tant de pensées n'avaient pu naître en moins d'une bonne demi-heure. — Il n'y avait pas de lanterne qui lui permit de consulter sa montre ; il revint en toute hâte à la porte de madame d'Apreville et à la lanterne qui en était proche ; — il était neuf heures moins une minute ; il porta rapidement sa montre à son oreille, la supposant arrêtée — elle allait parfaitement.

« Il poussa doucement la porte, elle était entr'ouverte ; — il entra, traversa le jardin, et trouva debout, devant la maison, madame d'Apreville qui lui tendit la main. — René, qui aurait demandé cette main avec instance, si on avait fait mine de la lui refuser, la refusa avec toutes les apparences du dédain en voyant qu'on la lui offrait.

« Noëmi la laissa tendue et dit : — Il faut absolument que vous me donniez la main.

« René mit froidement sa main dans la main de madame d'Apreville. Elle le fit entrer dans le petit salon, — lui indiqua un fauteuil en face du sien.

« — M. de Sorbières, dit-elle, — je suis bien malheureuse.

« — Il faut croire, madame, que cela vous plaît ainsi.

« — Votre lettre d'une ligne m'a d'abord irritée — puis désespérée; — j'ai tenu bon jusqu'à deux heures, — puis je suis sortie pour aller tout droit chez vous ; — en approchant, ma fierté s'est réveillée, et j'ai passé deux fois devant la porte, — si je vous avais aperçu, je me serais en allée avec l'espoir de vous laisser un peu de chagrin et de ne pas être malheureuse seule ; — mais ne vous voyant pas, je n'ai pas pu y tenir, j'ai déchiré un feuillet de mon carnet, j'ai écrit deux mots ; — puis je n'ai pas osé frapper chez vous, — j'ai fait quelques pas pour m'en retourner, — un paysan inconnu passait, je lui ai confié à tout hasard ma commission ; je vois qu'il l'a faite.

« — A coup sûr, madame ; sans votre invitation je ne me serais pas présenté chez vous.

« — Quittez ce ton sec et froid, monsieur René, je suis horriblement triste.

« — Qn'avez-vous à me dire, madame.

« — Oh, mon Dieu ! rien ; si vous continuez à prendre cet air refrogné — il ne faut pas m'aimer, mais il n'est pas défendu de me plaindre — j'ai voulu vous serrer la main.

« — Mais, madame, je ne comprends pas votre chagrin, — si vous m'aimez...

« — Vous savez bien que je ne peux pas vous aimer, monsieur.

« — Ne m'interrompez pas, madame, ce n'est qu'un raisonnement. Si vous m'aimez, vous me voyez très-amoureux de vous ; ce serait le plus grand bonheur humain. Si vous ne m'aimez pas, que vous fait de ne plus me voir ?

« — Je suis mariée, j'aime mon mari, —

et cependant l'idée de ne plus vous voir me désespère. — Expliquez-moi à moi-même.

« — Je le voudrais, madame, mais je ne vous comprends pas non plus; — vous avez sacrifié à je ne sais quelles phrases banales de M. Férouillat en pointe d'éloquence, et mes lettres et mes fleurs, et ce petit vase de Chine que vous deviez toujours conserver ; ce sacrifice n'est raisonnable que s'il vous a été inspiré par une vive tendresse pour votre mari, par une conviction profonde produite par les invincibles arguments du sieur Férouillat, — que nous appellerons désormais Férouillat Bouche d'Or, — Férouillat Chrysostome ; — alors cette conviction, cette tendresse conjugale, ce sacrifice même, doivent vous rendre très-heureuse.

— M... je suis malheureuse à en mourir.

— Laissez-moi continuer, madame. — Ce renoncement à moi ne peut-être fondé que sur une conviction très-complète.—Eh bien! après les excès auxquels vous vous êtes livrée contre moi, — que vous avez sacrifié comme une victime expiatoire à l'amour conjugal, vous avez manqué trois fois à vos dernières promesses faites à ce devoir auquel vous veniez de me sacrifier. — Vous aviez promis à l'éloquent «qui que ce soit,» autrement dit au sieur Férouillat Bouche d'Or; 1° de ne plus me voir; 2° de ne plus me laisser entrer ici; 3° de ne plus m'écrire. Eh bien! vous m'avez écrit deux fois en deux jours, et la seconde fois c'était pour me dire de venir vous voir ici.

« — C'est vrai, — je suis bien coupable ; je suis bien malheureuse.

« — Donc, c'est à rien, à un caprice, à un effet passager de l'éloquence de Cicéron Férouillat, — que vous m'avez sacrifié. Maintenant que ce parfum démosthénien s'est un peu dissipé, il faudrait que j'oubliasse aussi vite que vous le mal que vous m'avez fait !

« Noëmi cachait son visage avec ses mains. René lui dit :

« — Voyons, cherchez, — tâchez de voir un peu clair dans votre cœur.

« — Voyez-y plutôt vous-même, dit-elle en écartant ses mains et en laissant voir ses yeux baignés de larmes; — voyez-y, vous qui avez gardé assez de sangfroid pour me parler sur ce ton d'odieuse plaisanterie.

« — Ces plaisanteries sont comme vos mains sur votre visage, elles cachent des larmes. — Ce qu'il y a de vrai, ce qu'il y a de certain, c'est que je vous aime.

« — Ah ! M. de Sorbières, il ne faut plus me dire que vous m'aimez.

« — Mais... vous dire autre chose, ce sera mentir.

« — Mentez, s'il le faut, — pour que nous ne soyons pas perdus l'un pour l'autre.

« — Eh bien ! je mentirai.

« René se jeta aux genoux de Noëmi et les tint embrassés.

« — Je ne vous aime pas, dit-il. Je puis regarder vos yeux sans frissonner, — je puis me contenter d'une innocente amitié.

« Noëmi le repoussa doucement en disant :

« — Vous savez bien qu'il ne faut pas être à mes genoux.

« — Je n'y suis pas.

« — Ah ! dit-elle, c'est trop mentir.

« — Alors, ne mentons plus.

« — Ne mentons plus, nous mentons trop mal.

« — Eh bien ! je t'aime, ma Noëmi adorée!

« — Ah ! René, je vous aime bien ainsi !

« René, ivre d'amour, la saisit dans ses bras ; mais elle le repoussa avec une sorte de terreur et de haine :

« — Je ne vous aime pas ! laissez-moi !

« René se releva en disant :

« — Et moi, je ne vous aime plus.

« Les voilà désespérés tous les deux. Après quelques instants d'un silence farouche, Noëmi tendit la main à René ; il se précipita sur cette main, puis retomba aux genoux de madame d'Apreville. Mais Noëmi se jeta aux siens :

« — Je suis une femme perdue, une misérable ! ayez pitié de moi !

« On reprit un peu de calme, on se rassit,

on recommença à parler d'amitié. On en parlait encore à une heure du matin. Il est difficile qu'à cette heure-là l'amitié ne s'orne pas de quelques détails qui semblent, le jour, appartenir à d'autres sentiments. D'autre part, la nuit donne aux amoureux tout le courage qu'elle ôte aux autres hommes. On convint qu'il faudrait se défier de Férouillat; que, puisque cette amitié, innocente au fond, désolait cet autre ami — « que qui ce soit, » puisqu'elle désespérerait Hercule d'Apreville, dans l'intérêt de tous deux, il fallait leur en dérober la connaissance. — Faute de mieux, ce serait encore s'acquitter d'un devoir conjugal que de tromper son mari, — pourvu qu'on le trompât bien.

« On discuta les limites de l'amitié ; — des combats eurent lieu sur les frontières. — Tout porte à croire que l'amitié gagna beaucoup de territoire et recula ses bornes. — On pleura encore ; on se dit plusieurs fois « adieu pour toujours ! » — ce qui chaque fois fut suivi d'un serment de ne se quitter jamais. — Quand l'amitié sortit par-dessus le mur, à trois heures du matin, — elle ressemblait singulièrement à son frère ; — elle avait quelque chose de guerrier, d'hermaphrodite, de masculin, de vainqueur; elle avait un certain air de Christine de Suède — qui portait par-dessus sa jupe un habit d'homme et un chapeau militaire sur sa tête. »

Noëmi d'Apreville à Julie Quesnel.

« Que faire ? que devenir ? René est venu l'autre soir ; il n'est parti qu'à trois heures du matin : il est évident que Férouillat ne peut plus être mon amant. Il est venu hier apporter à mes pieds le tribut périodique de sa flamme quasi hebdomadaire. Il s'est inutilement irrité et désespéré de mes refus. — Dans l'amour, dans ce céleste duo, est-ce donc la musique qui fait tout, et les paroles ne comptent-elles pour rien ? — Il est arrivé plusieurs fois à Anthime de me dire les mêmes phrases que m'a dites René à propos de mes ex rigueurs, — entre autres celle-ci :
— « Vous voulez donc me faire mourir ! »

— Eh bien! quand René la prononçait, j'étais émue, enivrée, attendrie; — cela me paraissait la dernière limite de l'éloquence.

— Hier, Férouillat, avec les mêmes mots, m'a paru quelque chose de ridicule et de grotesque au dernier degré. — La seule impression que j'ai ressentie a été un invincible désir de lui rire au nez : — ce que j'ai fait.

« Quoique Férouillat soit reparti furieux à son bord, sa colère va s'exhaler pendant cinq jours contre ses matelots, — mais il reviendra un peu plus amoureux; et pour ces gens-là l'amour n'est qu'un appétit, et la diète les exaspère — et alors mes nouveaux refus l'exaspéreront. Cet homme est capable de tout ; — il est capable d'écrire à mon mari que j'ai un amant ; il est capable de vouloir se battre avec René ; celui-ci est brave — l'homme que j'aime ne saurait être autrement ; il ne reculera pas. Mais, te le dirai-je? ce qui m'alarme le plus, c'est que Férouillat ne fasse savoir à René la vérité sur nos relations : un homme aussi justement fier que M. de Sorbières ne pourrait que ressentir de l'horreur et du dégoût à cette révélation. Il se demanderait : à quoi sert d'être jeune, beau, noble, spirituel, puisque cet homme stupide, grossier, vulgaire, a réussi comme moi?

« Malheureusement, j'ai écrit quelquefois à Férouillat, — au commencement de l'absence d'Hercule, alors que mon cœur ou plutôt mon imagination avide d'amour et d'aliments se prenait au moindre prétexte ; comme j'ai vu Hercule tirer le fleuret contre un mur, faute d'adversaire pour faire sa partie, ce qu'il appelait platronner ; — comme je l'ai vu jouer seul au billard, donnant sa main gauche pour adversaire à sa main droite ; — j'ai écrit à Férouillat, parce que sa présence me gênait trop pour l'aimer, — tandis que, lorsqu'un bras de mer nous séparait, je pouvais lui prêter d'autres traits, d'autres pensées, d'autres sentiments. Ces lettres doivent être pleines de l'amour qui était en moi ; — elles doivent respirer la tendresse et l'enthousiasme.

« Ah ! si je pouvais leur opposer la froideur de mes pensées et de mes paroles, quand Anthime était là ; — quand il aurait fallu l'aimer lui-même ; — quand j'attendais pour l'aimer qu'il fût à cinquante lieues, c'est-à-dire qu'il n'existât pas, il me serait facile de faire comprendre à René que je n'ai jamais aimé que lui ; — que je plastronnais avec Férouillat en l'attendant ; — mais les paroles se sont évanouies, et les lettres sont restées. Il est impossible que ce rustique personnage ne les ait pas précieusement conservées, — jamais il n'a pu lui arriver d'en recevoir de pareilles ; et celles-là, en effet, ce n'était pas à lui qu'elles étaient écrites, mais à l'amant inconnu que je rêvais, — à René de Sorbières.

« Le papillon, qui a reçu de la nature et de la beauté le droit de poser sur une rose, la touche avec délicatesse et l'effleure à peine, — mais le hideux colimaçon qui est arrivé en rampant, qui sait bien qu'il usurpe, laisse sur la fleur parfumée une trace visqueuse et déshonorante. Férouillat aura gardé mes lettres pour pouvoir se prouver à lui-même de temps en temps qu'il n'a pas rêvé, — qu'il est vrai qu'il est l'amant d'une femme comme moi, — pour se prouver la réalité d'une chose impossible. — D'ailleurs, cet être, dont les sentiments sont aussi grossiers que sa figure me le paraît aujourd'hui, aura voulu se faire des armes contre moi ; — mes fautes passées lui servent à exiger de nouvelles faiblesses. Il montrera ces lettres à René ; —

ces lettres sont pleines de ces choses que René m'inspire, et qu'il n'était pas là pour recueillir ; ce sont des fruits mûrs qui tombent quand on ne les récolte pas. Ce ne sont pas des fruits cueillis, ce sont des fruits ramassés.

« J'ai eu tort de ne pas lui tout avouer l'autre jour ; il était si désespéré, il avait rêvé tant de désastres, il était tombé si bien au fond du gouffre, qu'il aurait tout pardonné en même temps, et je pouvais à ce moment l'emporter si haut dans les nuages, dans le bonheur, qu'il aurait perdu de vue et la terre et le gouffre ; — mais aujourd'hui, s'il apprend la vérité, il faudra qu'il retombe douloureusement, et cette révélation faite à présent lui paraîtra une infidélité. L'autre jour, je pouvais lui dire : — Voilà ma vie passée, je ne vous connaissais pas, quoique je vous attendisse. D'aujourd'hui je suis à vous, je vous serai fidèle.

« Quand je le vois si heureux, quand je regarde tout ce que ses yeux expriment d'amour, de félicité, de sécurité, je tombe parfois dans une invincible tristesse, — et il me dit : — Qu'avez-vous ? — Je réponds comme répondent les femmes, — je dis : Rien ! — Mais, s'il n'était étourdi par la ravissante mélodie qu'il entend dans son cœur, il s'apercevrait que je ne puis donner à ce « rien » l'intonation qui lui appartiendrait — et que je le prononce avec un accent qui veut dire clairement : — J'ai le cœur navré.

« J'aime passionément M. de Sorbières, — et il faut que je lui fasse un mystère de mes pensées et de mes préoccupations. — Ce bonheur dont je jouis va disparaître au premier moment, et je n'en aurai joui que pour le regretter et en emporter le souvenir dans mon désespoir.

« NOÉMIE. »

M. Jean-Alphonse Karr au lecteur.

« Il y a au théâtre et dans les livres des conventions étranges, qui restreignent singulièrement le nombre des combinaisons dramatiques et littéraires, qui diminuent dans une proportion inquiétante la série des choses vraies qu'il est défendu à l'écrivain de reproduire.

« Ainsi, au théâtre, — prenez celui des théâtres où règne la plus grande liberté, — l'auteur offrira sans scrupules, à vos yeux, des créatures à peu près nues, et à vos oreilles des équivoques de mauvais goût ; — mais il n'osera pas avouer que ce n'est pas pour le bon motif que l'on courtise ces créatures déshabillées, et le public s'effaroucherait fort, si elles n'étaient à la fin pudibondement et correctement épousées. — L'adultère n'est toléré que si les personnages expriment leurs sentiments immodestes en s'arrêtant un peu chaque fois qu'ils ont prononcé six syllabes, et un peu davantage lorsqu'ils en ont prononcé douze. — Il est, de plus, absolument nécessaire que les vœux deshonnêtes se manifestent par des phrases où, de douze en douze syllabes, les paroles hostiles à la pudeur se terminent par les trois mêmes lettres que la dernière des douze précédentes syllabes criminelles.

« C'est-à-dire que Phèdre en prose et sous un autre nom que celui de tragédie exciterait l'indignation du public.

« Dans les livres, on a un peu plus de liberté; cependant on exige que l'écrivain observe et reproduise des choses réelles et vivantes, et en même temps on veut qu'il ne choisisse que des circonstances d'une certaine nature, — c'est-à-dire qu'il lui faut rejeter des tableaux qui frappent tous les jours ses regards aussi bien que ceux des lecteurs.

« L'adultère est admis dans les livres, — une femme mariée y peut avoir un amant, — une femme non mariée, — en général on exige qu'elle soit veuve — peut avoir un amant et le tromper pour un autre. On peut chercher et trouver de ces deux situations toutes les combinaisons possibles, personne n'y trouvera à redire.

« Mais il est une autre situation plus qu'assez commune dans le monde vivant, et qui n'est pas admise dans le monde des livres. Regardez autour de vous, il n'est personne qui n'ait dans le cercle de ses connaissances une femme qui, trompant son mari pour un amant, trompe celui-ci à son tour pour un autre amant, c'est-à-dire pratique l'adultère à fleurs doubles, — *flore pleno,* comme disent les horticulteurs.

Il arrive souvent qu'un amant trop assuré de la possession de « l'objet aimé » se laisse aller sur la pente doucement glissante de l'habitude, remplace graduellement le mari qui s'efface et a porté « ses vœux » ailleurs, et lui succède dans tous les détails conjugaux.

— Il devient ainsi tout doucement un mari lui-même, un second mari, un autre mari ; mais un mari ; — il oublie que l'amant n'a pas à jouer le même rôle que le mari, qu'il ne doit pas le remplacer, mais le compléter ; — qu'il doit entraîner ou au moins suivre la femme dans ses fantaisies extra-conjugales ; il ne doit jamais l'arrêter, la réfréner, la modérer ; — il ne doit pas l'aimer, il doit l'adorer, il doit surtout l'amuser. Faute de savoir ces choses, il fait de sa liaison, d'abord criminelle, une chose qui finit par être tolérée, admise, reconnue par le monde, un lien honnête, estimable. Il devient comme le mari d'une femme veuve d'un époux vivant ; — il fait des observations, des économies ; il devient familier, il gronde, il désapprouve, —

il défend, il empêche, il gêne, — en un mot, sans s'en apercevoir, il abandonne tout doucement le rôle d'amant et laisse une place vide, un emploi vacant, qui ne tardent pas à être remplis.

Le cœur féminin est un viscère, qui, comme la nature, a horreur du vide. Le premier mari ne compte pas ; le premier amant passe mari à l'ancienneté et est, non pas remplacé comme je le disais, mais complété par un aspirant au choix. Cet adultère double est la situation où se trouvent pour le moment les gens dont je vous raconte l'histoire, situation aussi rare dans les livres que fréquente dans le monde. Aussi, quand je m'en suis aperçu, c'est-à-dire il y a dix minutes, ai-je cru devoir m'en expliquer avec vous. — Tant qu'à reprendre les personnages et les bons hommes des livres, — mettre au commencement ou à la fin dans un nouvel ouvrage ce qui est au milieu dans un ancien, — supposer toujours un criminel sans circonstances atténuantes et un innocent sans circonstances aggravantes, — un bourreau sans scrupule et une victime sans tache, — c'est à-dire remanier une douzaine de personnages et une trentaine de situations, — ce serait peu respecter et le papier blanc et les lecteurs. — Les choses de la vie ne se passent pas entre les scélérats tout d'une pièce d'une part et agneaux purs de l'autre ; — la victime d'hier peut très-bien être le sacrificateur de demain. — L'infidélité dont vous mourez, aujourd'hui qu'on vous l'a faite, vous l'auriez commise vous-même, si vous n'en n'étiez pas victime. — Les lois de l'amour sont comme les lois de la société, c'est une gêne que chacun voudrait bien imposer aux autres ; — c'est le plomb que le jockey a soin de faire mettre dans les poches de son concurrent sous un prétexte quelconque, et que celui-ci jetterait toujours en route, s'il ne savait qu'on le pèsera au retour.

« Au théâtre des marionnettes, Polichinelle et le diable se prennent tour à tour le bâton.

« Eh bien ! je ne crois pas avoir besoin de

faire comme les anciens pontifes des dieux, Comme il était fort difficile de trouver des victimes sans tache, surtout quand il s'agissait de grosses victimes, de taureaux blancs, par exemple, ils dissimulaient les taches brunes ou noires avec de la craie. Les dieux étaient attrapés, mais les hommes qui y regardaient de plus près, appelaient ces victimes : « bœufs à la craie, » *bos cretatus*. Je ne ferai pas ce mensonge ; je vous raconterai les choses comme elles sont et comme je les vois.

« Ainsi Noëmi, malgré l'horreur honnête et légitime qu'elle avait témoignée dans ses premières lettres à Julie Quesnel, pour avoir deux amants, alors qu'elle se jurait à elle-même de n'aller pas trop loin avec

M. de Sorbières, malgré la résolution qu'elle annonçait dans la dernière de ne pas garder Férouillat puisqu'elle avait pris Réné, Noëmi d'Apreville résista d'abord, épuisa les prétextes, puis se trouva fort embarrassée. — Férouillat était un homme violent, emporté, grossier; — passionément épris de la seule femme un peu élégante et comme il faut qu'il lui eût été donné d'aborder dans toute sa vie, — il n'y avait pas moyen de l'amener à se retirer sans bruit, en galant homme offensé; — il n'admettrait aucune de ces délicatesses commodes pour les femmes et inventées par elles; il ferait des avanies; il écrirait, au besoin, à Hercule d'Apreville; — il insulterait et provoquerait même M. de

Sorbières. — Il était impossible qu'ils ne se rencontrassent jamais.

René, à la rigueur, consentait à se cacher de Férouillat, qu'il prenait pour l'espion du mari ; mais il n'y avait pas moyen, sans lui avouer que Férouillat était un amant, de lui faire accepter que le capitaine du *Marsouin* pouvait, tous les cinq jours, le rencontrer la nuit chez madame d'Apreville. Il fallait donc inventer un prétexte tous les cinq jours, — six prétextes par mois, — cela ne pouvait pas durer longtemps ; on avait eu bien vite épuisé les bons prétextes ; on entamait les prétextes médiocres, et René hochait la tête ou restait le jour suivant pensif et boudeur.

« Noëmi en était arrivée à ce point de

fatigué et d'anxiété qu'elle désirait presque un hasard qui amènerait un éclat. — Si elle avait été sûre que l'orgueil de René lui pardonnerait Anthime Férouillat, elle aurait tout avoué à l'un ou à l'autre pour sortir de cette insupportable situation ; elle recueillait avec joie toutes les preuves de l'amour de René pour s'en former un espoir qu'elle ne le perdrait pas le jour d'une explication inévitable.

« Un soir les deux amants, renfermés chez madame d'Apreville, avaient sans s'en apercevoir laissé s'éteindre le jour ; — ils étaient sans lumière, occupés à laisser couler de douces paroles de leur cœur. — René avait dénoué les longs cheveux de Noëmi et jouait

nonchalamment avec leurs ondes épandues.
— Tout-à-coup on entendit les trois coups de sifflet d'Anthime Férouillat. — Tous deux furent frappés. — René, qui reconnut ce signal, savait qu'il avait à se défier d'Anthime, surveillant laissé par M. d'Apreville : — il se hâta de s'éloigner de Noëmi, — de se lever et de se placer debout devant la cheminée. — Noëmi rassemblait ses cheveux, et se pressait tellement que deux fois le peigne s'échappa de ses mains et roula par terre. Elle entendit la porte s'ouvrir et se refermer : — elle pensa d'abord que l'obscurité lui donnerait le temps et le moyen de réparer son désordre ; — mais en même temps cette obscurité, quand elle était seule avec M. de Sorbières, était un indice bien précis

pour Anthime. — Elle aurait bien pu faire cacher René ; mais alors le ton et les manières d'Anthime auraient été des indices bien autrement précis encore pour René. Comme elle entendit les pas de Férouillat, elle ne voulut pas qu'il la crût seule ; ses premières paroles pourraient bien être familières ; — elle espéra un moment qu'elle pourrait encore diviser les deux orages, — les subir séparément ; elle se hâta de dire à René à voix basse : — C'est M. Férouillat, vous resterez cinq minutes et vous partirez. Puis, parlant haut :

« — Sonnez, je vous prie, monsieur, puisque vous êtes près de la cheminée, pour que je demande de la lumière.

« A ce moment la servante entra précédent Anthime Férouillat, elle portait une lampe de cuisine.

« — Eh quoi ! c'est vous, mon ami, dit Noëmi, — Par quel heureux hasard ! — Mathilde, dit-elle à la servante, voilà trois fois que je donne à M. de Sorbières la peine de sonner pour demander la lampe, et vous ne répondez pas.

« — Je n'ai pas entendu, madame, c'est que j'ouvrais la porte à M. Anthime.

« — Allumez des bougies. — M. Anthime Férouillat, M. René de Sorbières, mais vous vous connaissez, vous vous êtes déjà rencontrés. — Anthime ne parlait pas, mais il regardait alternativement René et Noëmi. — René cherchait inutilement une phrase qui pût interrompre ce silence embarrassant, — une phrase qui eût l'air de faire suite à une conversation suspendue par l'arrivée d'Anthime Férouillat. Noëmi sentait que ses cheveux étaient mal rattachés — elle sentait surtout le regard d'Anthime fixé sur les boucles échappées. — Enfin René crut avoir trouvé sa phrase.

« — Je vous disais donc, madame, que mon grand-père achetait cette terre en... M. Férouillat me permettra de continuer cette histoire qui n'a plus que deux mots : — mon grand-père acheta cette terre, pour constituer un majorat en 17...

« Anthime s'avança vers René.

« — Monsieur, lui dit-il, je vois que madame vous reçoit familièrement et sans façons, — comme un ami, — je ne me gênerai donc pas non plus : — je suis l'amant de Madame, et j'ai à causer avec elle.

« Noëmi ferma les yeux comme le patient qui sent grincer le couteau au-dessus de sa tête.

« — René retrouva du sangfroid dans la colère.

« — Monsieur, dit-il, je ne saurais que

plaindre Madame d'avoir aussi mal placé ses affections.

« — Je vous répète, monsieur, que j'ai à causer avec ma maîtresse.

« — Je comprends; vous voulez que je m'en aille. Mais j'attends un peu pour savoir si madame ne va pas me donner l'ordre de vous jeter par la fenêtre.

« — Moi? par la fenêtre... blanc-bec! s'écria Férouillat.

« Et il s'avança en fureur vers M. de Sorbières.

« Celui-ci vit facilement qu'il allait avoir affaire à un homme plus vigoureux que lui ; il s'empara d'une chaise et se prépara à s'en faire une arme.

« Noëmi se leva pâle et tremblante.

« A ce moment, on entendit trois coups de sifflet pareils à ceux par lesquels deux fois déjà Anthime s'était annoncé.

« Cette fois ce fut Anthime Férouillat qui devint blême ; il s'arrêta stupéfié.

« René dit : — Encore un Férouillat qui s'annonce, j'espère qu'il n'est pas aussi l'amant de madame.

« — Non, dit Noëmi ; — mais c'est mon mari.

« René resta interdit, — Anthime était terrifié.

« Noëmi — pâle, la voix saccadée — dit : — Eh bien ! tant mieux ! nous serons tous perdus — je vais tout lui dire.

« — Noëmi, s'écria Anthime, vous ne ferez pas cela !

« — Je le ferai, — ou vous allez m'obéir ; — vous allez tous deux calmer votre colère, et vous, Anthime, vous présenterez M. de Sorbières à Hercule.

« — Moi ! vous plaisantez ; — jamais !

« — Alors je vais lui dire comment vous avez gardé le dépôt...

« — Il entre, dit Anthime en prêtant l'oreille.

« — Décidez-vous, — je vous jure que je suis décidée.

« — Monsieur, dit René, sauvons Madame, rien ne nous empêchera de nous retrouver ensuite.

« — Je l'espère bien, dit Férouillat, — mais comment ?

« — Le voilà, dit Noëmi : c'est vous qui avez amené Monsieur, ou... je dis tout.

« On entendit en effet des pas d'abord, — puis la voix de Mathilde qui criait :

« — Madame, madame, c'est Monsieur!

« Puis une voix forte et vibrante qui disait :

« — Me voilà, me voilà, — chère Noëmi, — me voilà!

« Et on vit entrer M. Hercule d'Apreville, capitaine au long cours et maître de la maison, qui se précipita sur Noëmi, la saisit dans ses bras, l'enleva sur sa poitrine, couvrit de gros baisers son visage et ses cheveux, en disant :

« — Me voilà ! — et pour toujours cett... Tiens ! tu es ici, Férouillat, — dit-il en apercevant son ami.

« — J'arrive, — dit Férouillat.

« Les deux capitaines s'embrassèrent.

« Noëmi vit que Férouillat oubliait de présenter René ou n'en voulait rien faire.

« — Mon ami, dit-elle, tu ne fais pas attention... M. de Sorbières est un ami de Férouillat que le capitaine a amené ce soir.

« Hercule salua René.

« — Un nouvel ami alors, dit-il, car Anthime n'avait pas, je crois, l'honneur de connaître Monsieur lors de mon départ.

« — En effet, dit Férouillat, un nouvel ami.

« — Monsieur, dit Hercule d'Apreville avec bonhomie, ne prenez pas en mauvaise part que j'aie dit un nouvel ami. — Nous autres vieux, nous voudrions ne voir accorder l'avancement qu'à l'ancienneté. —

Mais l'avancement au choix donne souvent de bons sujets à la marine. L'ami de Férouillat est le bien venu chez Hercule d'Apreville. »

I

« Noëmi était au bout de ses forces. — Elle voulait à tout prix voir finir cette scène. — Son mari la prit par le corps et voulut l'attirer sur ses genoux. — Elle se dégagea et n'osa plus lever les yeux sur René.

« — Et vous, monsieur de Sorbières, toi, Férouillat, dit Hercule, restez-vous à souper avec nous ? On soupe encore ici, j'espère. Vous ne sauriez me faire un plus grand plaisir, si ce n'est de refuser et de venir plutôt manger notre soupe demain.

« — Je vous rends grâces, monsieur, dit René ; mais je serai sans doute absent.

» — Non, dit Férouillat ; vous savez bien que vous m'avez promis de ne pas vous absenter.

« — C'est juste ! pardon !

« — Alors vous acceptez, dit Hercule, sans quoi je croirai que vous vous fâchez de ce que je ne vous presse pas davantage pour aujourd'hui. Mais il y a longtemps que je suis absent. J'ai cent choses à demander à ma femme et deux cents choses à lui dire. D'autre part, parce qu'elle voit des figures étrangères, elle s'imagine qu'il est convenable d'avoir l'air de ne pas aimer son mari. Pour Férouillat, lui ne se fâchera pas : deux vieux amis et deux vieux marins peuvent l'un vis-à-vis de l'autre parler et agir franchement.

« Noëmi, Férouillat, René, étaient embarrassés de leur présence mutuelle, et évitaient de laisser rencontrer leurs regards. — Cependant Noëmi fit signe à René qu'il était nécessaire qu'il partît et dit : — Pourquoi ces messieurs ne resteraient-ils pas à souper ce soir ?

» — Cela m'est impossible, dit René.

« — Mais Férouillat au moins peut rester, dit Noëmi.

« — Je le voudrais, dit Férouillat, mais...

« — Allons ! Noëmi a raison, reste. — Je n'aurais osé garder M. de Sorbières, parce que... une arrivée... un souper sans façon... mais, puisqu'il veut bien accepter pour demain, — tu peux rester, toi, je ne me gênerai pas pour parler de mes affaires deyant toi, ni pour te renvoyer de bonne heure.

« — Je t'assure...

« — Restez, capitaine Férouillat, dit Noëmi.

« — Je veux que tu restes... je suis ton ancien, et...

« Il fit asseoir Férouillat en le poussant sur un siége. — René salua et se retira. — Hercule d'Apreville lui tendit la main et le reconduisit, en lui recommandant d'être exact pour le dîner du lendemain.

« Pendant les quelques instants que dura son absence, Anthime se leva furieux et dit à Noëmi :

« — Quel rôle me faites-vous jouer ?

« — Croyez-vous, dit-elle, qu'Hercule trouve plus beau celui que vous avez choisi ?

« — Je le retrouverai demain, votre godelureau.

« — Je vous parlerai demain matin, restez à coucher ici.

« — Non, mille tonnerres ! non !

« — Hercule revient ; un mot de vous peut me perdre, mais je vous perdrai avec moi ; — couchez ici.

« Hercule rentra.

« — Ah ! dit-il, à présent nous sommes seuls, Férouillat n'est pas qu'elqu'un. — Ce M. de Sorbières, qui d'abord ne me plaisait guère, s'est conduit en homme discret et bien élevé. — D'où connais-tu donc M. de Sorbières, Férouillat, — comment connais-tu ces gens-là ?

« Férouillat ne répondit pas, — mais Hercule avait de nouveau attiré sa femme sur ses genoux. — Noëmi cette fois, qui ne craignait pas de blesser Anthime comme René, — ne fit pas la même résistance, — et rendit à d'Apreville quelques-unes de ses caresses. — Mathilde avait été chercher la petite Esther déjà couchée et qui vint à moitié vêtue prendre sa part des caresses d'Hercule. On soupa. — Anthime était taciturne. Cependant Hercule, heureux, gai, bruyant, le forçait de temps en temps à partager les éclats de sa joie, du moins en apparence. — Il buvait beaucoup et le faisait boire. — Il raconta son dernier voyage, la goëlette, la *Belle-Noëmi*, était pleine de marchandises précieuses. Il avait à toucher des sommes importantes sur plusieurs négociants du Havre. — Vraiment ce voyage avait dépassé toutes ses espérances. — Il avait changé en fortune la modeste aisance qui avait paru étroite à Noëmi. — On pourrait aller à Paris. — Mais bois donc, Férouillat ; — la goélette s'est comportée à la mer comme un vrai poisson. — Si l'église d'ici était assez grande, je voudrais pendre ma goélette au plafond, car c'est mon dernier voyage. — J'ai dit adieu à la mer. — Noëmi est riche, je ne travaillerai plus. — A la santé de la goélette, Férouillat !

« Après le souper, on fit du punch et on fuma. — Anthime, qui d'abord avait fait quelques résistances aux fréquentes rasades que lui versait son ami, se mit tout d'un coup à penser qu'il avait beaucoup de chagrin, et que le mieux était de s'étourdir : —

il but alors sans ménagements, avec une sorte d'avidité frénétique ; il ne tarda pas à être ivre ; — il appuya ses deux coudes sur la table, mit sa tête dans ses mains et resta muet et sourd.

Il n'eut pas à accepter l'hospitalité que lui avait offerte Noëmi. — Ce n'est que le lendemain matin qu'il sut que d'Aprevlile l'avait porté dans un lit.

Le lendemain, Noëmi était debout de bonne heure, — elle voulait causer sérieusement avec Férouillat.

« — Anthime, — lui dit-elle, — nous avons, vous et moi, commis une grande faute, un crime peut-être ; — ne l'avez-vous pas senti comme moi lorsque cet excellent Hercule vous pressait si cordialement sur sa poitrine? — Nous n'avons qu'un moyen de réparer nos torts : c'est d'abord de renoncer à de coupables relations, ensuite de faire en sorte qu'il n'en ait jamais aucun soupçon ; — je veux qu'il soit heureux. — Un mot de vous, une maladresse d'un de nous deux, détruirait à jamais son bonheur. — Je ne vous parle pas de sa vengeance, vous savez à quelle violence peut arriver cet homme si bon et si généreux. — Je vous l'ai dit : — si vous essayez de me perdre, je vous perdrai avec moi. — J'en agirai de même si vous m'exposez, par votre conduite, au moindre soupçon de mon mari, soit relativement à vous, soit relativement à toute autre personne.

« — Vous voulez parler de M. de Sorbières ?

« — Précisément, vous avez tous les deux, en ma présence, manifesté des projets...

« — J'ai tout simplement le projet de couper les oreilles à ce beau monsieur.

« — J'ai dans l'esprit qu'il saurait les défendre ; mais écoutez-moi. — Une affaire avec M. de Sorbières que vous avez présenté hier à mon mari... ne m'interrompez pas — lui serait à bon titre suspecte. — S'il devine un peu par votre faute, il saura tout par moi. — Je vous le répète encore une fois, vous ne vous battrez pas avec M. de Sorbières.

« — C'est lui sans doute qui vous a priée d'intervenir ?

« — Non, et loin de là ; j'ai trouvé deux moyens de vous faire céder à ma volonté, et je n'en ai pas encore trouvé un de l'amener à se contenter de vos excuses.

« — Mes excuses ! mille tonnerres...

« — Ne jurez pas, et écoutez-moi. Voici ce que je vous propose. — J'ai causé de vous... cette nuit... avec Hercule, — je lui ai dit :

« — Tu ne veux plus voyager ?

« — Non, m'a-t-il répondu.

« —Tu parlais de pendre à un plafond d'église la *Belle-Noëmi* ?

« — Ça ne se peut pas, mais j'en vais faire faire un modèle qui sera dans la chapelle de Saint-Sauveur.

« —Tu ne comptes pas laisser pourrir ton navire dans les bassins du Havre ?

« — Non, certes.

« — Qu'en feras-tu ?

« — Je vais le vendre.

« — Pourquoi ne le vendrais-tu pas à Férouillat ?

« — Férouillat n'a pas d'argent.

« — Raison de plus.

« — Raison bizarre, en tous cas.

« — Non, Férouillat n'a pas d'argent, c'est vrai, mais je t'ai entendu dire cent fois que c'était un des meilleurs capitaines au long cours que tu eusses jamais rencontré.

« — C'est vrai. Eh bien ! vends la moitié du navire à Férouillat, il te paiera en quelques années sur les bénéfices, et ta part te produira gros entre ses mains.

« — En effet, ça a de bons côtés, ce que tu me dis là.

« — Voilà où en est l'affaire, mon cher Anthime ; vous n'êtes pas riche, vous ferez votre affaire avec la *Belle-Noëmi* ; — non-seulement vous aurez à vous la moitié du navire, mais encore vous serez avantagé comme capitaine, et Hercule, au besoin, mettra des fonds à votre disposition.

« — Cependant, Noëmi, je ne puis pas, pour des avantages d'argent...

« — Vous n'avez pas le choix, Anthime ; si vous vous battez avec M. de Sorbières, vous excitez les soupçons de M. d'Apreville, vous me perdez et je vous perds.

« — Mais je le hais, cet homme.

« — Qui vous dit de l'aimer ?

« — Vous voulez que je fasse des excuses... c'est impossible, j'aime mieux perdre vous et moi ; d'ailleurs, l'intérêt que vous lui portez m'exaspère.

« — Je n'exige pas que vous renonciez à votre haine, — mais à une imprudence qui nous perdrait vous et moi. — Je prouverai à Hercule que M. de Sorbières n'était qu'un amoureux et que vous étiez mon amant. — Ajournez seulement votre haine, allez prier M. de Sorbières, en lui disant nos raisons, — de remettre votre affaire à un mois, — il se présentera un prétexte, et vous ferez ce que vous voudrez.

« — Ça, c'est plus raisonnable que des excuses.

« — Faites-le, et le navire est à vous. »

« — Vous aviez un peu surfait. »

« — Peut-être est-ce décidé. »

« — Oui, pour vous sauver. »

« Anthime sortit de la maison; la proposition de Noëmi était pour lui une fortune et satisfaisait en même temps ses ambitions de vanité. Il avait tout à gagner à obéir, rien à gagner et tout à perdre à refuser. Cependant il n'exagérait pas sa haine contre René, et il ne fallait rien moins que ce qu'avait imaginé Noëmi pour le décider à en retarder la manifestation. Il alla chez M. de Sorbières.

« Celui-ci lui dit :

« — Ah ! c'est vous, monsieur ?

« — Est-ce que vous ne m'attendiez pas ?

« — Je ne vous attendais plus.

« — C'est juste ; je serais venu plus tôt, mais il se présente des circonstances... Je vous hais cordialement, monsieur.

« —Vous m'êtes profondément indifférent, monsieur.

« — Cependant, monsieur, ce que je vous ai dit hier est vrai.

« — Que m'avez-vous dit hier?

« — Que j'étais l'amant de madame d'Apreville.

« — Eh bien ! que voulez-vous que cela me fasse ?

« — Vous étiez moins froid hier.

« — Oh! hier, vous insultiez une femme devant moi, je ne pouvais faire moins que de me mettre à ses ordres.

« — Mais vous étiez amoureux de madame d'Apreville?

« — Monsieur, je ne serai jamais amoureux d'une maîtresse de M. le capitaine Férouillat.

« Anthime crut entrevoir là un moyen de se tirer d'affaire à meilleur marché qu'il ne l'avait cru d'abord.

« — Alors vous n'avez pas envie, dit-il, de vous battre avec moi ?

« — Ma foi ! non.

« — Et vous refusez de vous battre ?

« — C'est différent, je suis prêt à me battre avec vous.

« — Sans en avoir envie ?

« — Sans en avoir la moindre envie.

« — Je ne comprends pas.

« — C'est tout simple, madame d'Apreville et vous, vous m'êtes complétement indifférents, je ne vois pas que vous puissiez rien faire l'un ni l'autre, ni séparément ni ensemble, qui puisse m'offenser.

« — Mais alors vous ne voulez pas vous battre ?

« — Il m'a semblé hier que vous vous trouviez offensé de ce que j'avais offert à madame d'Apreville de vous jeter par la fenêtre.

« — Oui, certes, et, sans l'arrivée...

« — Sans l'arrivée d'Hercule je vous aurais fendu le crâne avec une chaise que j'avais prise en vous voyant devenir tout rouge et rouler de gros yeux ridicules. Je vous suppose donc offensé, et, pour cela seulement, je suis prêt à vous rendre raison.

« — J'accepte, nom d'une bombe !

« — Alors je suis à vos ordres.

« — Mais nous ne pourrons nous battre que dans un mois.

— « Pourquoi ?

— « Parce que, grâce à la diabolique invention de cette femme, j'ai été obligé de vous présenter hier à Hercule comme mon ami, — et qu'une affaire entre vous et moi, ce matin, lui inspirerait une curiosité impossible ou dangereuse à satisfaire. Madame d'Apreville m'a demandé d'ajourner ma vengeance à un mois pour ne pas la perdre ; elle vous prie d'en faire autant.

« Je n'ai pas de vengeance à exercer, capitaine Qui-que-ce-soit.

« — Que voulez-vous dire ?

« — Ah ! pardon ! c'est comme cela que nous vous appelions avec madame d'Apreville.

« — Est-ce une injure ?

« — Non, c'est un nom d'amitié qu'elle vous donnait.

« — Je ne vois pas ce qu'il y a là de spirituel.

« — Je ne vous ai pas annoncé la chose comme spirituelle... moi, je vous appelais

Hortentius Férouillat Bouche d'Or, à cause de votre éloquence.

« — Vous avez l'air, monsieur, de vouloir rendre impossible ce que j'ai promis à Noëmi.

« — Qui est-ce, Noëmi ?

« — Madame d'Apreville.

« — Ah !.. Il est singulier qu'un homme qui renonce à demander satisfaction d'une offense pour ne pas compromettre une femme se permette de l'appeler Noëmi.

« — Je ne renonce pas, monsieur, au contraire... votre air goguenard augmente mon impatience. — Je vous demande satisfaction pour d'aujourd'hui en un mois, à pareil jour et à pareille heure.

« — Très-volontiers.

« — Je trouverai un prétexte pour M. d'Apreville ; vous ne me démentirez pas.

« — A condition, capitaine, que vous soumettrez le prétexte à mon approbation, que vous serez toujours l'offensé.

« — J'y compte fichtre bien, je ne veux pas perdre le choix des armes.

« — Je veux vous avoir offensé d'une façon qui ne soit pas ridicule.

« — Ainsi, c'est convenu.

« — Parfaitement convenu.

« — Dans un mois à neuf heures du matin.

« — A l'heure que vous voudrez.

« — J'ai le choix des armes.

« Et moi le choix de l'offense.

FIN DU PREMIER VOLUME.

Sceaux, imp. de MUNZEL.

EN VENTE :

LE PAGE DU DUC DE SAVOIE
Par ALEXANDRE DUMAS. — 8 vol.

SOEUR SUZANNE
Par XAVIER DE MONTÉPIN. — 4 vol.

INGÉNUE
Par ALEXANDRE DUMAS. — 7 vol.

LES VEILLÉES DE SAINT-HUBERT
Par LE MARQUIS DE FOUDRAS. — 2 vol.

HISTOIRE DE MA VIE
Par GEORGE SAND. — 12 vol.

CAMILLE
Par ROGER DE BEAUVOIR. — 2 vol.

DEUX TRAHISONS
Par AUGUSTE MAQUET — 2 vol.

PEREGRINE
Par LÉON GOZLAN. — 5 vol.

SOPHIE PRINTEMPS
Par ALEXANDRE DUMAS FILS. — 2 vol.

LA SONORA
Par PAUL DUPLESSIS. — 4 vol.

Imprimerie de Munzel frères, à Sceaux.

www.ingramcontent.com/pod-product-compliance
Lightning Source LLC
Chambersburg PA
CBHW060652170426
43199CB00012B/1767